Justizreform.

Von

Dr. Konrad Hellwig,
Ord. Professor an der Universität Berlin, Geheimer Justizrat.

Berlin 1908.
J. Guttentag, Verlagsbuchhandlung,
G. m. b. H.

Inhaltsverzeichnis.

I.

Allgemeine Bemerkungen.

Der Bankerott unserer Zivilprozeßgesetzgebung, der von einsichtigen Praktikern schon bald nach dem Jahre 1879 vorausgesagt wurde, ist durch nichts drastischer beleuchtet worden, als durch die Schaffung der Sondergerichte und durch den Ruf nach weiteren Gerichten, die die Tätigkeit der ordentlichen Gerichte und die Anwendung der Zivilprozeßordnung ausschließen sollen. Man hat den Gewerbegerichten nicht nur eine neue Gerichtsbesetzung gegeben, sondern auch das Verfahren geändert. Da dieses doch wohl in dem Gedanken geschehen ist, daß das neue Verfahren einen besseren Weg zur Erreichung des Prozeßzweckes darstellt, so war es zugleich ein Zeichen der Schwäche der maßgebenden Faktoren, wenn man eine stückweise Reform vornahm, welche einzelnen Berufskreisen zugute kam, während man die großen Schäden des allgemeinen Prozesses fortbestehen und Nachteile erzeugen ließ, die sich mit der Länge der Zeit immer mehr vergrößert haben und das Ansehen der Rechtspflege zu bedrohen anfangen. Wie kommt es denn, daß die Gewerbe- und Kaufmannsgerichte sich einer großen Beliebtheit und eines guten Ansehens erfreuen, während die Handelskammern der Landgerichte keineswegs über ihre Zivilkammern gestellt werden? Die Mitwirkung von sachverständigen Laien haben wir auch bei den Handelskammern, aber diese sind an das Verfahren der Zivilprozeßordnung gebunden!

Nun will man wiederum nicht ganze Arbeit machen. Der im Reichsanzeiger vom 5. Oktober veröffentlichte Entwurf bezweckt „in der Hauptsache“ nur eine Reform des amtsgerichtlichen Prozesses. Der Anwaltsprozeß soll unberührt bleiben. Dann hätten wir glücklich drei Prozeßreformen: den gewerbegerichtlichen auf der einen, den landgerichtlichen auf der anderen Seite, und zwischen beiden stehend den amtsgerichtlichen! Gewiß läßt sich eine Verschiedenheit der Prozeßformen rechtfertigen, soweit sie auf der Notwendigkeit, der bloßen Zulässigkeit oder der Ausschließung der Anwaltsvertretung beruhen. Aber nimmermehr kann es gerechtfertigt werden, wenn solche Fragen, die mit dieser Verschiedenheit der Anwaltsfrage in keinerlei Zusammenhang stehen, ganz entgegengesetzt geregelt werden.

In der Begründung des Entwurfs wird als Grund für die Beschränkung der Reform angeführt, daß über die Richtung, die sie einzuschlagen habe, wenn sie den Anwaltsprozeß umfassen solle, die Meinungen noch weit auseinandergehen. Das ist gewiß richtig, gilt aber ganz geradeso vom Amtsgerichtsprozeß. Und zweifellos wird man bis in die Ewigkeit warten müssen, wenn die Reform des ganzen Prozesses erst dann vor sich gehen soll, nachdem Einigkeit erzielt sein wird. Es ist aber Sache der Regierungen, mit einem festen Reformplan hervorzutreten und ihn kraftvoll und mit dem Feuer zu vertreten, wie es allerdings nur durch das Bewußtsein, das Richtige gefunden zu haben, gewonnen wird. Dem vorliegenden Entwurf merkt man aber sofort an, daß man mit einer gewissen Zaghaftigkeit an die Reform herangeht, weil sie nun einmal von der öffentlichen Meinung gar zu stürmisch verlangt wird und die Gefahr besteht, daß man zur Schaffung von weiteren Sondergerichten gedrängt werde.

Sieht man genauer zu, so zeigt sich, daß die Reformen, die der Entwurf vorschlägt, mit der besonderen Natur des amtsgerichtlichen Prozesses in keiner Weise zusammenhängen und zu einem wesentlichen Teil sich nicht einmal auf ihn beschränken. Allerdings ist es richtig, daß die Paragraphen der CPO., die das landgerichtliche Verfahren regeln, von den Änderungsvorschlägen des Entwurfs sorgfältig verschont geblieben sind. Wo es sich aber um Vorschriften handelt, die nicht im ersten Abschnitt des zweiten Buches stehen, hat man diese Scheu nicht gehabt, sondern Vorschriften gegeben, die sich auf den Kollegialgerichtsprozeß beziehen.

Dies gilt in erster Linie von einer der wichtigsten Bestimmungen des Entwurfs: von § 48 des GKG. Er hat sogar seine Hauptbedeutung für den kollegialgerichtlichen Prozeß. Ferner trägt der Entwurf kein Bedenken, die Beschränkung der Berufung (§ 511 a) und die Änderung des Kostenwesens ganz allgemein auszusprechen.

Andere wichtige Änderungen sind: 1. die Ersetzung des Parteibetriebs durch den Amtsbetrieb; 2. die Vorschrift, daß bereits die Einreichung der Klagschrift gewisse Wirkungen hat; 3. die Vorbereitung der Beweisaufnahme durch Herbeischaffung der Beweismittel (§ 501); 4. Einlegung des Einspruchs durch Erklärung an das Gericht (§ 502); 5. Vermeidung der Klagabweisung durch Verweisung an das zuständige Gericht (§ 505); 6. Beschränkung der Beeidigung der Zeugen und Sachverständigen und Begünstigung des Nacheides (§ 509 II); 7. Gestattung der Verurteilung auf die eventuell geschuldete Entschädigung (§ 510 b); 8. Vorschrift, daß der Richter das Sach- und Streitverhältnis mit den Parteien zu erörtern hat (§ 502).

Es ist klar, daß die letzte Vorschrift nichts Neues sagt. Tragen die Parteien oder ihre Vertreter nicht bereits von sich aus dasjenige vor, was zur Feststellung der Entscheidungsgrundlage nötig ist, so fordert schon der § 139 CPO., daß von dem richterlichen Fragerecht durch „Erörterung mit den Parteien“ ausgiebig Gebrauch gemacht wird. Jeder Kenner unserer Praxis weiß, daß dies, wo es nötig ist, auch im kollegial-gerichtlichen Prozesse schon jetzt geschieht; er kennt auch den außerordentlich weiten Umfang, in dem das Reichsgericht bei Zurückverweisungen dem Berufungsgericht die Aufklärung solcher Punkte zur Pflicht macht, auf die es nach der Ansicht des Revisionsrichters ankommt, während sie im bisherigen Verlauf des Prozesses kaum beachtet und erörtert waren. Die Vorschrift des § 502 des Entwurfs bedeutet also nichts weiter, als daß der § 139 nur nochmals eingeschärft wird.

Alle andren oben erwähnten Verfahrensvorschriften haben mit Ausnahme des Parteibetriebes mit den Besonderheiten des amtsgerichtlichen Prozesses gar nichts zu schaffen. Sind sie gut, so müssen sie auf den landgerichtlichen Prozeß ausgedehnt werden.

Ich nehme als Beispiel die Vorschrift, daß der Einspruch durch Erklärung an das Gericht eingelegt wird. Die Novelle vom 5. Juni 1905 hat das Gleiche bereits für die Revision eingeführt. Ist hiermit der praktisch bessere Weg gefunden, so konnte es nur aus dem ganz beschränkten Ziele, das sich diese Novelle steckte, einigermaßen gerechtfertigt werden, daß nicht sogleich dieselbe Änderung auch für Berufung und Einspruch eingeführt wurde. Nun will unsere Novelle wiederum nur einen halben Schritt weitergehen und das, was für die Revision und von jeher für die Beschwerde schon gilt, nur für den amtsgerichtlichen Einspruch einführen! Die Folge wäre eine unerträgliche planlose Buntscheckigkeit in der Regelung ein und derselben Frage.

Unter diesen Umständen entsteht die Frage, ob man die Reform deshalb, weil sie in dieser Weise in Aussicht genommen ist, ablehnen soll, bis uns eine gründliche Reform unseres ganzen Justizwesens vorgeschlagen wird, oder ob man sich zurzeit mit einer partiellen Reform begnügen soll. Gewiß wäre die erste Alternative zu wählen, wenn die Hoffnung bestände, daß der Ablehnung des Entwurfs bald eine brauchbare Vorlage für eine gründliche, auf alle Einzelheiten sich erstreckende Reform folgen würde. Ich glaube aber, daß unter den gegenwärtigen Verhältnissen diese Hoffnung eine trügerische wäre und daß ebenso wie nach der Erledigung der Novelle von 1898 und 1905 wieder während einer langen Reihe von Jahren nichts geschehen würde, um der Misere, unter der jetzt alle bei der Ziviljustiz Beteiligten zu leiden haben, ein Ende zu bereiten. Aus diesem Grunde fordert m. E. das öffentliche Interesse, daß man sich auf den Boden des Entwurfs stellt und auf dieser Grundlage versucht, wenigstens in den wichtigsten Punkten eine Reform durchzusetzen. Dabei muß man aber die Ängstlichkeit, mit der der Entwurf das landgerichtliche Verfahren unberührt läßt, ablegen. Zwar wird für den Anwaltsprozeß der Parteibetrieb beizubehalten sein, aber die Verbesserungen, die der Entwurf am amtsgerichtlichen Verfahren vornehmen will, müssen, soweit sie nicht mit seiner Besonderheit zusammenhängen, verallgemeinert werden.

Von diesem Gesichtspunkte aus sind in den folgenden Abschnitten die einzelnen Bestimmungen des Entwurfs einer Besprechung unterzogen. Sie wird zu zeigen versuchen, daß die Vorschläge nach manchen Richtungen nicht nur einer Verallgemeinerung, sondern auch einer Verbesserung fähig und bedürftig sind. Sodann sind noch eine Reihe von neuen Vorschlägen hinzugefügt, die solche Punkte betreffen, in denen meines Erachtens schon jetzt unbedingt die bessernde Hand angelegt werden muß.

Immerhin stelle ich mich bei diesen Vorschlägen auf den Boden der gegenwärtigen Gerichtsverfassung. Bezüglich ihrer kann man wohl sagen, daß die Zeit für eine durchgreifende Änderung ihrer Grundlagen noch nicht gekommen ist. Als eine solche betrachte ich nicht die Erhöhung der amtsgerichtlichen Zuständigkeit. Sie ist eine

Änderung, die ganz auf dem Boden der gegenwärtig bestehenden Verfassung unserer Gerichte vorgenommen werden kann und empfehlenswert ist, wenn die Modifikationen eintreten, die ich in den Bemerkungen zu § 23 GVG. vorschlagen und begründen werde.

Die eben berührte Frage ist ganz unabhängig von der Frage nach der Verbesserung des Verfahrens. Liegt eine solche in den gemachten Vorschlägen, so müssen diese angenommen werden, mag das Amtsgericht auf die bisherige Zuständigkeit (bis 300 Mark) beschränkt bleiben oder eine Erweiterung seiner Kompetenz erfahren. Hierauf kann nicht nachdrücklich genug hingewiesen werden. Denn die Verbindung, in die der Entwurf die Reform des Verfahrens und die Änderung der amtsgerichtlichen Zuständigkeit gebracht hat, können bei der Gegnerschaft, die die Änderung des GVG. bei der Rechtsanwaltschaft findet, leicht dem ganzen Reformunternehmen gefährlich werden.

Für besonders wichtig halte ich eine wirkliche Verbesserung unseres Mahnverfahrens. Es muß so geregelt sein, daß der Gläubiger gegen sein eigenes Interesse handelt, wenn er den Klageweg beschreitet, statt einen Zahlungsbefehl zu erwirken. Gelingt es, das Mahnverfahren in diesem Sinne zu reformieren, so wird damit ungeheuer viel gewonnen: für die Parteien, indem ihnen die Möglichkeit eröffnet wird, auf einem möglichst raschen, bequemen und wenig kostspieligen Weg einen rechtskräftigen Vollstreckungstitel zu erlangen, für die Anwälte, indem ihnen der Weg zum Gericht (zur Verhandlung) erspart wird, und nicht zum wenigsten für die Gerichte, indem aus den zur Verhandlung bestimmten Sachen die ungeheuer große Zahl von solchen Rechtssachen ausscheidet, die sich zum Mahnverfahren eignen, jetzt aber die Terminszettel beschweren, obwohl sie mit einem Versäumnisurteil endigen. Der Hauptzweck, den der österreichische Vortermin verfolgt (die Ausscheidung der nichtstreitigen von den streitigen Sachen), kann auf dem noch einfacheren Wege des Mahnverfahrens erreicht werden, wenn man sich nur entschließt, es so zu gestalten, wie es das praktische Bedürfnis fordert.

Alle Änderungen der Vorschriften über das Verfahren werden keine große Wirkung haben, wenn nicht die an der Rechtspflege beteiligten Personen auf der Höhe der ihnen zugewiesenen Aufgaben stehen.

Die Hauptsache ist das Richterpersonal. Der Richter muß durch den Schatz seiner Kenntnisse und Erfahrungen seinem Amte gewachsen sein; er muß aber auch das Herz auf dem richtigen Fleck haben und von dem festen Willen beseelt sein, auf dem geradesten Wege zu einer wahrhaft gerechten Entscheidung zu gelangen. Also muß er nicht nur den unmittelbaren Inhalt des Gesetzes, sondern auch das Leben, die wirtschaftlichen Verhältnisse, den Verkehr, die guten und die schlechten Sitten und Gewohnheiten kennen, damit er rasch und mit sicherem Blick überschaut, worauf es in rechtlicher und tatsächlicher Beziehung ankommt. Er muß sich bei der Handhabung des Prozeßrechts bewußt sein, daß sein „Erkenntnis" eine Erkennung des bestehenden konkreten Rechtszustandes sein soll und dem Schutz und der Verwirklichung des Rechts zu dienen hat. Das Prozeßrecht stellt Formen und Fristen für die Prozeßhandlungen der Parteien auf und zieht dem Gericht Schranken für sein Tun. Aber der Richter darf nicht vergessen, daß das alles geschieht, um Ordnung in das Verfahren zu bringen, nicht aber zu dem Zweck, um den Parteien Fallstricke zu legen und das Gericht zu hindern, das Recht zu erkennen und zu schützen. In diesem Sinne muß er das Prozeßgesetz auslegen und anwenden. Mit warmem Herzen für das Recht soll er den Parteien gegenübertreten und ihnen helfen und sie unterstützen, soweit immer das Gesetz ihm dies gestattet. Aber ebenso soll er jedem Versuche, das Recht zu kränken und den Prozeß in unehrlichem Kampfe auf Kosten des Gegners zu gewinnen, mit Einsicht und Kraft entgegentreten und zu diesem Zwecke alle ihm vom Gesetz in die Hand gegebenen Machtbefugnisse rücksichtslos gebrauchen.

Haben wir solche Richter? Haben wir auch so viele wirklich geeignete Kräfte, um die Amtsgerichte so zu besetzen, daß diese bei der in Aussicht genommenen Erhöhung ihrer Zuständigkeit gründliche und gerechte Urteile zu fällen imstande sind? Auf allen Gebieten der Technik, des Handels und Verkehrs haben wir fast mehr als genug an Kräften, um hier eine erste Stellung zu erringen und zu behaupten. Und an einem fähigen und tüchtigen Richterpersonal sollte es uns fehlen können?

Wer diese Frage bejaht, verzweifelt an der Zukunft unseres Volkes und stimmt in falschem Pessimismus in ganz unberechtigte Klagen über den Niedergang der deutschen Rechtspflege ein, anstatt nach den Mitteln und Wegen zu suchen, um einzelne Mißstände, die nicht wegzuleugnen sind, zu beseitigen. Was die Zivilrechtspflege anlangt, so heißt es jetzt, mit allen Kräften die Gelegenheit zur Beseitigung der erkannten Mängel zu benutzen. Eine große Aufgabe harrt, wenn die Reform gelungen ist, der Justizverwaltungen. Sie müssen vor allen Dingen dafür sorgen, daß die Amtsgerichte die genügende Zahl von solchen Richtern haben, die den erhöhten Anforderungen zu genügen imstande sind. Es muß und kann jetzt dem ein Ende gemacht werden, daß man die Landrichterstellen als die höheren betrachtet und vom Amtsgericht möglichst bald an ein Kollegialgericht zu kommen strebt.

Sodann aber hat die Justizverwaltung die Aufgabe, mit allen ihr zu Gebote stehenden Mitteln auf eine vorzügliche Ausbildung des Richterersatzes hinzuarbeiten. Dazu gehört eine solche Einrichtung und Handhabung des Prüfungswesens, die es garantieren, daß nur solche Kandidaten zur praktischen Vorbereitung zugelassen werden, die ernstlich und mit Erfolg bestrebt gewesen sind, sich eine gründliche theoretische Ausbildung zu verschaffen. Dazu gehört ferner, daß die praktische Vorbereitungstätigkeit so eingerichtet wird, daß sie sich wirklich zur Vorschule für den künftigen Richterberuf gestaltet. Dazu gehört aber endlich auch die schon oft genug geforderte Praxis, daß man in wirklich liberaler Weise — also unter Wahrung der Anciennität und unter Gestattung der Gewinnung eines Entgeltes — auch weiterhin die Erlangung von praktischen Erfahrungen begünstigt. Den jungen Assessoren muß Gelegenheit geboten werden, sich im Inland und Ausland umzusehen und sich eine Kenntnis der wirtschaftlichen Verhältnisse zu verschaffen, sei es in städtischen oder anderen großen kommunalen Verwaltungen, sei es in Bankhäusern oder in großen gewerblichen Betrieben. Und die so gewonnenen besonderen Kenntnisse müssen für die Rechtspflege dadurch nutzbar gemacht werden, daß man ihre Träger an Stellen setzt, an denen sie sie auch zum Nutzen des öffentlichen Wohles verwerten können. Besondere Tüchtigkeit muß auch ihren besonderen Lohn finden. Und wo sie zu finden ist, muß die Justizverwaltung bereit sein, sie in den Dienst der Rechtspflege zu stellen. Deshalb muß auch gefordert werden, daß die Justizverwaltung der Anregung, höhere Richterstellen, viel mehr, als es bisher geschehen ist, auch mit tüchtigen und angesehenen Rechtsanwälten zu besetzen, nachkommt. Es ist zweifellos, daß diese Praxis auch das Verhältnis von Richtern und Anwälten sehr günstig beeinflussen würde.

II.

Gerichtsverfassungsgesetz.

Zu § 23 GVG.

Die Frage, ob nicht die ganze Art der Zusammensetzung unserer Gerichte einer Änderung bedarf, kann bei dieser Gelegenheit nicht ausgetragen werden. Es handelt sich zurzeit lediglich darum, ob auf dem Boden der jetzigen Gerichtsverfassung, die als erste Instanz sowohl Einzelrichter als Kollegien hat, die Erhöhung des amtsgerichtlichen Streitwertes eine für die Rechtspflege förderliche Maßregel ist. Ich stelle mich bei dieser Frage mit einer sogleich zu begründenden Beschränkung auf den Standpunkt des Entwurfs. Ein nicht leicht zu nehmendes Bedenken ist die tiefgehende Einwirkung, die die Veränderung der amtsgerichtlichen Zuständigkeit auf die Lebensverhältnisse der Rechtsanwaltschaft hat. Zweifellos ist eine gute Rechtspflege ohne eine gute Anwaltschaft nicht möglich, und auf diese ist wiederum nicht zu rechnen, wenn die Anwälte nicht so gestellt sind, daß sie ihren Beruf nicht als geschäftliches Unternehmen auffassen müssen, sondern sich als Glied in der Kette der der Pflege des Rechts dienenden Einrichtungen fühlen können. Fordert also das öffentliche Interesse unbedingt, daß die Anwälte auskömmlich gestellt sind, so muß hierfür gesorgt werden, aber niemals auf Kosten der Rechtspflege, also auch nicht durch Festhaltung der jetzt bestehenden landgerichtlichen Zuständigkeit, wenn ihre Veränderung als nötig erscheint.

Die Gründe, die hierfür sprechen, sind in der Begründung des Entwurfs überzeugend dargelegt. Ich wiederhole sie nicht. Nur auf eine der wohltätigen Folgen der Erhöhung der amtsgerichtlichen Zuständigkeit möchte ich hinweisen. Ich meine die, daß die Anwälte in Zukunft sich besser als bisher verteilen werden. Geschieht dies, so kann auch der Tätigkeit die gewerbsmäßigen Parteivertreter mit ganz anderem Nachdruck entgegenzutreten werden, als es bisher möglich war.

In zwei Punkten bedürfen m. E. die Vorschläge des Entwurfs einer Änderung.

1. Einerseits erscheint es mir bedenklich, die Erhöhung des amtsgerichtlichen Streitwertes ohne alle Rücksicht auf die Art der Streitsachen vorzunehmen. Soll die Fällung einer richtigen Entscheidung gewährleistet sein, so müßte jedes Amtsgericht nicht nur mit fähigen Richtern besetzt, sondern auch mit den nötigen literarischen Hilfsmitteln ausgestattet sein. Ist auch zu erwarten, daß die Justizverwaltungen eine erhebliche Vermehrung der Bücher, aus denen die Judikatur und die Fortschritte der wissenschaftlichen Bearbeitung ersehen werden können, vornehmen wird, so ist es doch schwerlich zu erhoffen, daß die Amtsgerichte auch mit der Literatur über eine Reihe von speziellen Rechtsgebieten so ausgestattet werden, daß der Richter sich über die sie betreffenden Fragen einigermaßen orientieren kann. Schon aus diesem rein äußerlichen Grunde empfiehlt es sich, von der Erhöhung der Zuständigkeit auszunehmen:

alle Handelssachen (GVG. § 101),

die Klagen, die erhoben werden auf Grund des Urheber- und Verlagsgesetzes, des (künftigen) Versicherungsgesetzes, des Haftpflichtgesetzes, der Unfallversicherungsgesetze, des Binnenschiffahrtsgesetzes,

die Erbrechtsstreitigkeiten.

2. Andrerseits ist es dringend zu empfehlen, den Kreis der in § 23 Nr. 2 GVG. bezeichneten Sachen insofern zu erweitern, als dem Amtsgericht schlechthin zugewiesen werden:

alle Streitigkeiten, die zwischen Mieter und Vermieter von Wohnungen usw. auf Grund des Mietvertrags zu entscheiden sind (also in Übereinstimmung mit den Dienststreitigkeiten des § 23 Nr. 2 Abs. 2 nach der richtigen, allerdings streitigen Ansicht),

alle Streitigkeiten, die in einem Arbeitsvertrag ihren Grund haben.

Gegen die Erhöhung der amtsgerichtlichen Zuständigkeit wird als ein sehr beachtenswertes Bedenken geltend gemacht, daß gewisse Arten von Rechtsstreitigkeiten der Einwirkung der reichsgerichtlichen Judikatur noch mehr als bisher entzogen werden. Dieses Bedenken fällt fort, wenn der später (S. 27) zu erwähnende Vorschlag der Einführung der Rechtswahrung angenommen wird.

III.

Bemerkungen über die Änderungen des Klageverfahrens.

Zu § 29 CPO.

Es wird folgender Zusatz vorgeschlagen:

„Beruht der Erfüllungsort lediglich auf Vereinbarung, so wird durch sie der Gerichtsstand des Abs. 1 nur dann begründet, wenn das Geschäft, bei dem die Vereinbarung getroffen ist, auf beiden Seiten ein Handelsgeschäft ist und beide Teile in das Handelsregister eingetragen sind."

Zu einer geradezu unerträglichen Erschwerung der Rechtsverteidigung führt die Bestimmung, daß schlechthin am Erfüllungsort auf Vertragserfüllung geklagt werden kann (§ 29). Es ist bekanntlich bei den Kaufleuten, die durch Reisende Bestellungen sammeln lassen, allgemeine Sitte, in das von dem Käufer zu unterschreibende Bestellformular die Bestimmung aufzunehmen, daß Erfüllungsort für beide Teile der Ort der Handelsniederlassung des Verkäufers ist. Ebenso ist diese Bestimmung sehr häufig in den zur Versendung gelangenden Katalogen, Preislisten usw. zu finden, so daß daraus, daß die Bestellung auf Grund derselben stattfindet, die entsprechende Vereinbarung abgeleitet wird.

Dadurch werden die entfernt wohnenden Käufer gezwungen, im Streitfalle einen Vertreter zu bestellen und, da sie, ohne gerade zum Armenrecht berechtigt zu sein, dies sehr häufig nicht können, das Versäumnisurteil über sich ergehen zu lassen. Bringen sich die Käufer in diese Lage, obwohl sie gewußt haben, worum es sich bei jener Vertragsklausel handelt, so ist ihnen nicht zu helfen. Aber ganz zweifellos haben die meisten Käufer von der prozessualen Bedeutung dieser Klausel keine Vorstellung; wenn sie nach ihr fragen, wird ihnen gesagt, daß sie eben das Geld an den Verkäufer zu schicken haben.

Hier muß den wirtschaftlich Schwachen geholfen werden. Durch das Erfordernis der Schriftform (so Österreich. J. N. § 38) wird nach dem Gesagten keine Abhilfe gewährt. Diese ist nur darin zu finden, daß der Vereinbarung des Erfüllungsortes die Kraft, den Gerichtsstand des § 29 zu begründen, nur dann gewährt wird, wenn es sich um solche Beteiligte handelt, von denen erwartet werden kann, daß sie die Bedeutung der Klausel kennen. Deshalb wird vorgeschlagen, dem § 29 als Abs. 2 die oben formulierte Vorschrift hinzuzufügen.

Hierdurch wird der Verkäufer nicht gehindert, zu vereinbaren, daß er an dem Ort seiner Handelsniederlassung klagen kann (§ 38). Aber dann muß er eben über seine Absicht klaren Wein einschenken. Würde entgegnet, daß die Käufer sich auf solche Vereinbarungen nicht einlassen werden, so wäre damit nur zugestanden, daß die Verkäufer sehr wohl wissen, daß sie die Käufer Vereinbarungen unterschreiben lassen, über deren Zweck und Bedeutung diese völlig im Dunkeln sind.

Zu § 88 des Gesetzes.

Die Streichung der in § 88 II enthaltenen Beschränkung („soweit ... geboten ist") ist zu empfehlen. Dieselben Gründe, aus denen die Prüfung der gesetzlichen Vertretung vorgeschrieben ist, machen diese Streichung notwendig, weniger etwa aus der Befürchtung, daß Anwälte häufig ohne Vollmacht handeln, als deshalb, weil der Beweis des Vorhandenseins der Vertretungsmacht unbedingt sichergestellt sein muß[1]). — Durch die Möglichkeit, den nicht legitimierten Vertreter einstweilen zuzulassen (§ 89), wird es verhütet, daß die Rechtsverfolgung in den Fällen eine Verzögerung erleiden könnte, in denen der Rechtsanwalt durch einen an ihn gerichteten Brief zwar den Auftrag erhalten hat, aber noch nicht im Besitz der Vollmacht ist.

Zu § 105 des Entwurfs.

Die in Abs. 2 erwähnte „Einreichung" der Kostenberechnung enthält das Gesuch um Festsetzung. Es ist also zu sagen: „der Anbringung eines besonderen Festsetzungsgesuchs ..."

Es ist die Möglichkeit zu berücksichtigen, daß der Festsetzungsbeschluß angefochten wird. Geschieht es mit Erfolg, so muß Vorsorge getroffen werden, daß das in den Händen des Kostengläubigers befindliche Urteil hinsichtlich des Kostenfestsetzungsbeschlusses berichtigt wird. Dem Gericht ist die Befugnis zu geben, den Titel zwecks Berichtigung einzufordern.

---

[1]) Im näheren ist mein Standpunkt zu dieser Frage im Lehrbuch 2 417/418 dargelegt.

Zu § 118 des Gesetzes.

Um auch bei dieser Gelegenheit die Wahrheitspflicht stärker zu betonen und dem Mißbrauch, der mit dem Armenrecht getrieben wird, zu steuern, empfiehlt es sich, im Anschluß an den § 69 der österreichischen CPO. zu bestimmen:

§ 118a. Gegen Parteien, die die Bewilligung des Armenrechts wissentlich durch unwahre Angaben über ihre Vermögensverhältnisse oder über die tatsächlichen Unterlagen des Rechtsstreits erschlichen haben, ist eine Mutwillensstrafe zu verhängen. Sie besteht in der vollen oder halben Prozeßgebühr.

Wer in dem in § 118 Abs. 2 bezeichneten Zeugnisse wissentlich unwahre Angaben gemacht oder wissentlich Unrichtiges als wahr bestätigt hat, haftet, wenn das Armenrecht bewilligt wurde, den dadurch geschädigten Personen auf Schadensersatz. Insbesondere haftet er dem der armen Partei beigeordneten Rechtsanwalt und dem vom Gegner bestellten Rechtsanwalt für ihre Gebühren und Auslagen.

Zu § 141 des Entwurfs.

Schon das bisherige Recht enthält die Vorschrift, daß das Gericht das persönliche Erscheinen der vertretenen Partei anordnen kann. Im Eheprozeß kann es das Erscheinen erzwingen, indem es nicht nur Geldstrafen aussprechen kann, sondern auch berechtigt ist, gegen die ausgebliebene Partei wie gegen einen ausgebliebenen Zeugen zu verfahren; nur die Anwendung der Haftstrafe ist ausgeschlossen. Im gewöhnlichen, nicht mit Inquisitionselementen durchsetzten Prozesse ist das Gericht gegenüber der Partei völlig machtlos. Der Entwurf will nun wenigstens bestimmen, daß die Ladung der Partei selbst (nicht ihrem Vertreter) zuzustellen ist. Der vorläufige Entwurf wollte noch eine Strafe vorsehen. Doch ist diese in dem veröffentlichten Entwurf gestrichen.

Dies ist vermutlich auf die lebhafte Opposition zurückzuführen, die aus Anwaltskreisen erhoben ist. In diesen sieht man in der Vorschrift ein gewisses Mißtrauen gegen die Anwälte und erblickt in der dem Gericht eingeräumten Befugnis eine Gefahr für die Partei. Meines Erachtens ist beides unbegründet, wenn die Vorschrift in dem Sinne angewendet wird, in dem sie nach dem Inhalt des Gesetzes verstanden und deshalb auch gehandhabt werden muß. Man hat gesagt, die Vorschrift sei in der Praxis angewendet, um eine vielbeschäftigte Partei zu einem Vergleich zu veranlassen, den sie sonst nicht eingegangen wäre. Wenn man mit solchen Richtern operiert, so läge es nahe, umgekehrt mit Beispielen zu kommen, in denen ein Vertreter einfach erfundene wahrheitswidrige Behauptungen aufgestellt hat, über welche lange Beweiserhebungen stattfanden, bis dann schließlich sich herausstellte, daß die Partei selbst von diesen erfundenen Tatsachen gar nichts wußte. Gewiß ist beides möglich. In dem einen Fall mißbraucht der Richter das Gesetz und handelt gesetzwidrig, in dem andern Falle handelt der Vertreter so, wie gewiß kein Anwalt handelt, der auf seinen Ruf etwas hält. Mit solchen Beispielen und gesetzwidrigen Möglichkeiten darf man also weder von der einen, noch von der andern Seite kommen.

Das Gesetz erlaubt die Anordnung nur „zur Aufklärung des Sachverhältnisses", setzt also voraus, daß dieses der Aufklärung bedarf, und bildet nur eine Ergänzung des § 139, der dem Richter das Fragerecht einräumt und die Fragepflicht auferlegt. Wenn man gegen diese Bestimmung, die von keiner Seite bekämpft wird und gewiß auch von den Anwälten sehr ungern vermißt würde, nichts einzuwenden hat, so kann und darf man auch den § 141 nicht bekämpfen. Nur ein solcher Vertreter hat seine Anwendung zu scheuen, der fürchten muß, daß durch die Erzählung des Sachverhalts und die Aufklärungen der Partei die Wahrheit (etwa über die beim Vertragsschlusse gebrauchten Worte, über die Art der bisherigen Geschäftsverbindung, über die Beschaffenheit einer Ware, über technische Verhältnisse u. dgl.) an den Tag kommt. Aber diese Furcht kann doch am allerwenigsten der Anwalt hegen, der gewohnt ist, so, wie es die Standesehre verlangt, zu handeln. Anders allerdings steht es mit dem Winkelkonsulenten, der fürchtet, daß seine Partei noch nicht im Lügen so geübt ist, daß sie imstande wäre, die von ihm aufgestellten frivolen Behauptungen oder Ableugnungen zu wiederholen. Man hat gegen die Vorladung der Partei eingewendet, daß der Anwalt der Partei in einer schlimmen Lage sei, wenn er, der den Fall vielleicht genauer und viel besser kenne, als der Klient selber, mit anhören müsse, wie der Klient seine Aussage mache. Aber der Anwalt erfährt doch den Sachverhalt von der Partei! Ich kann mir also nicht vorstellen, wie ein Anwalt in diese Lage kommen kann, es sei denn, daß er etwa als Vertreter die Verhandlungen geführt hätte. Aber dann kann er sich ja als Zeugen benennen und die Wahrheit an den Tag bringen. Eine Partei, die in solcher Lage durch Vorbringen falscher Tatsachen den Prozeß verfahre, kann ich mir kaum vorstellen.

Betrachtet man es als die Aufgabe des Prozeßgerichts, daß es beim Streite der Parteien über ein Sachverhältnis durch Ermittelung der Tatumstände zu einer **wahren** Urteilsgrundlage gelangt, ist man der Meinung, daß die Partei nicht erst dann, wenn sie schwören soll, bei der Wahrheit zu bleiben hat, ist man ferner der Ansicht, daß der schnellste Weg der Feststellung des Sachverhältnisses der beste ist, betrachtet man es als höchst unerwünscht, daß der Vertreter um Terminsvertagung bitten muß, um immer wieder erst Informationen einzuziehen, falls bei einem komplizierten Vorgang ein neues Moment hervortritt, rechnet man endlich mit Richtern, die verständigen Gebrauch von dem § 141 machen und mit Vertretern, die eine gerechte Sache zu vertreten glauben und es nicht bedauern, wenn ihre Partei, von der sie selbst angelogen sind, vor Gericht mit der Wahrheit herausrückt — geht man, kurz gesagt, davon aus, daß der Prozeß sich so abwickelt, wie er sich abwickeln soll, so muß man nicht nur wünschen, daß der § 141 bei passenden Gelegenheiten angewendet werde, sondern man muß auch dafür sorgen, daß der Vorschrift praktische Bedeutung verschafft wird. Dies kann nur dadurch geschehen, daß das Gericht in die Lage gesetzt wird, den Ungehorsam zu bestrafen und zu verhüten, daß sein Ansehen dadurch herabgesetzt wird, daß die Parteien den gerichtlichen Befehl ohne jeden Nachteil mißachten.

Gerade die Anwälte hätten meines Erachtens alle Veranlassung, ihre Opposition gegen den § 141 aufzugeben. Durch diese ist wohl erst die vom Entwurf vorgeschlagene direkte Ladung der Partei veranlaßt. Sodann beklagen es die Anwälte, daß ihnen das Auftreten vor den Gewerbe- und Kaufmannsgerichten verboten ist. Es liegt hierin gewiß ebenso eine Kränkung des Anwaltsstandes, wie eine ungeheuerliche Inkonsequenz unserer Gesetzgebung: Vor dem Landgericht (auch in Gewerbegerichtssachen zweiter Instanz!) fordert das Gesetz die Anwälte absolut, in Amtsgerichtssachen sieht es die Anwaltskosten stets als notwendig für die Rechtsverfolgung an, in Gewerbegerichtssachen aber verbietet es die Anwaltsvertretung absolut. Wollen aber die Anwälte, daß dieser Zustand geändert werde, so dürfen sie sich nicht selbst den Weg zur Erreichung dieses Ziels dadurch verbauen, daß sie sich da, wo sie die Vertretung haben, hartnäckig dem Erscheinen der Partei widersetzen und nicht wollen, daß der Richter der Partei in das Auge sieht. So lange sie in dieser Opposition verharren, werden alle die, welche unter Umständen das Erscheinen der Partei für ersprießlich und notwendig halten, wenig geneigt sein, der Änderung des Gewerbegerichtsgesetzes zuzustimmen.

Ich komme hiernach zu der Wiederaufnahme des Vorschlags, auf den Ungehorsam, der in dem unentschuldigten Ausbleiben der zur Aufklärung des Sachverhältnisses geladenen Partei liegt, eine Strafe zu setzen und dem § 141 einen Absatz 2 hinzuzufügen:

> „Bleibt die Partei, die im Bezirke des Prozeßgerichts oder an einem Orte wohnt oder sich aufhält, von dem ein Teil zu diesem Bezirke gehört, ohne genügende Entschuldigung aus, so kann das Gericht gegen sie eine Geldstrafe bis zu 100 Mark festsetzen. Bei wiederholtem Ausbleiben kann die Strafe noch einmal festgesetzt werden. Die Festsetzung wird aufgehoben, wenn nachträglich genügende Entschuldigung erfolgt. Gegen die Festsetzung findet die sofortige Beschwerde statt."

Entbehrlich würde der ganze § 141, wenn wir uns entschließen könnten, unser System des Parteieides aufzugeben zugunsten der viel zuverlässigeren und rascher auszuführenden eidlichen Vernehmung der Partei, wie sie nach guten Vorbildern von der österreichischen Prozeßordnung eingeführt ist. Meines Erachtens überwiegen die Vorzüge, die diese Regelung hat, ihre nicht zu verkennenden Schattenseiten so sehr, daß ihre Rezeption warm empfohlen werden muß. Aber die Hoffnung, eine so große Änderung unseres Gesetzes jetzt zu erreichen, ist wohl gering.

Zu § 158 des Gesetzes.

Dem Prozeßagenten, welchem der Anspruch in fraudem legis fiduziarisch abgetreten ist, soll nach dem Vorschlag des Entwurfs (§ 157) der Vortrag untersagt werden können. Geschieht dies, so müßte, falls das Gesetz nicht geändert wird, nach § 158 die Verhandlung vertagt werden; im nächsten Termin würde dann der Prozeß weiter laufen, wenn für den zurückgewiesenen Kläger ein nicht zu beanstandender Vertreter aufträte. Dies dürfte schwerlich der Sachlage entsprechen. Die beiden Situationen sind grundsätzlich ganz verschieden. Dem Fiduziar, der in fraudem legis handelt, ist offenbar der Rechtsschutz zu versagen; die Befugnis, den Anspruch im Wege der Klage zu verfolgen, soll ihm durch die Zurückweisung entzogen werden.

Dann ist dem § 158 ein Abs. 2 hinzuzufügen, in dem gesagt wird, daß im Falle des § 157 Abs. 2 Satz 2 die Klage als unzulässig abzuweisen ist (sofort!).

Zu § 207 Abs. 2 des Gesetzes.

Die Vorschrift war ein Verlegenheitsbehelf, den die Novelle von 1898 ergriff, um ohne grundsätzliche Änderungen des bisherigen Rechts die großen Härten und Unzuträglichkeiten zu mildern, die es ohne Grund mit sich brachte. Die Vorschrift ist überflüssig, wenn die Frist bereits durch Einreichung des Schriftsatzes gewahrt wird, also schon jetzt bei der Revision und sofortigen Beschwerde. Sie wird es nach dem Entwurf auch beim amtsgerichtlichen Einspruch und sie ist ganz gegenstandslos, wenn der Vorschlag angenommen wird, daß überhaupt die Einreichung der Schriftsätze die Fristen wahrt.

Sonach wäre § 207 nur noch beizubehalten, sofern ein Fall übrig bleibt, für den sie Bedeutung haben kann (vgl. die Bemerkung zu § 253 S. 21, 22).

Bleibt § 207 II erhalten, so ist die zeitliche Beschränkung (Zustellung innerhalb 2 Wochen) zu streichen. Der § 207 II nützt in allen den Fällen nichts, in denen sich erst durch die Rüge des Gegners die Mangelhaftigkeit der Zustellung herausstellt und die Verhandlung, was in der Regel der Fall ist, erst nach Ablauf der zweiwöchentlichen Frist stattfindet. Die Beschränkung ist um so weniger gerechtfertigt, als ein Mangel entweder auf einem Fehler des Gerichtsschreibers oder des Gerichtsvollziehers beruhen muß. Streicht man die Beschränkung, so fällt auch die Notwendigkeit und Möglichkeit fort, diese Beamten oder den Staat für derartige Versehen haftbar zu machen. Zu der Art, wie heute die Tätigkeit der Gerichtsvollzieher landesrechtlich geregelt ist, paßt die zeitliche Beschränkung überhaupt nicht mehr.

Zu § 236 des Gesetzes.

Die Vorschrift paßt schon jetzt nicht mehr auf die Wiedereinsetzung gegen den Ablauf der Revisionsfrist. Es ist offenbar, daß sie durch Schriftsatz bei dem Revisionsgericht beantragt werden muß (vgl. Seuffert

ZZP. 35, 70). Dasselbe gilt in allen Fällen, wo die versäumte Prozeßhandlung in einem Antrag an das Gericht besteht. Am einfachsten ist der § 236 mit dem jetzt schon bestehenden und den zu erwartenden neuen Rechtszuständen dadurch in Einklang zu bringen, daß in Abs. 1 gesagt wird: „Das Gesuch um Wiedereinsetzung muß enthalten . . .“ und Abs. 2 fortfährt: „Die Form des Gesuchs richtet sich nach der nachzuholenden Prozeßhandlung“. Im bisherigen Abs. 2 ist dann Satz 1 zu streichen.

Zu § 250 des Gesetzes.

Wenn auch bezüglich der §§ 239 II, 241 eine Änderung nicht absolut nötig ist, so paßt doch der § 250 sicher nicht auf das amtsgerichtliche Verfahren. Es ist hinzuzusetzen: „im amtsgerichtlichen Verfahren durch Einreichung eines Schriftsatzes an das Gericht“.

Zu § 253 des Gesetzes.

Große Schädigungen treten für den Kläger ein, wenn die Zustellung der Klage nicht ordnungsmäßig ausgeführt wird, also nach der herrschenden Ansicht nichtig ist. Es muß ein Weg gefunden werden, der es auch vor dem Landgericht unbedingt verhütet, daß eine ordnungsmäßig eingereichte Klage lediglich wegen der Art der Zustellung abgewiesen wird. Nötig ist eine Bestimmung, nach der eine mangelhafte Zustellung keine schwerere Folge haben kann, als daß die Verhandlung vertagt und die Zustellung wiederholt wird. Dann verliert der Beklagte das Interesse, das er jetzt an der Rüge hat. Die Folge ist, daß auch das Gericht in erheblichem Maße entlastet wird.[1])

Für die glücklichste Lösung halte ich die Bestimmung, daß die *prozessualen* Wirkungen der Rechtshängigkeit (§§ 263, 265) und ebenso auch die Unterbrechung der Verjährung mit der Einreichung

---

[1]) Man denke an den Fall, daß der Kläger die Klage einem falschen gesetzlichen Vertreter zustellen läßt. Die erste Instanz weist die Klage durch das Endurteil ab, die zweite hält die gesetzliche Vertretung für vorhanden, das Reichsgericht hebt dieses Urteil auf und beläßt es bei der Abweisung. Drei Instanzen sind durchlaufen. Nun weiß der Kläger endlich, daß er falsch zustellen ließ! Sind das nicht haarsträubende Resultate? Man vergleiche Entsch. des RG. 29 Nr. 109.

der Klagschrift eintreten, die übrigen materiellrechtlichen Folgen aber erst mit der Zustellung; demgemäß wäre

1. in § 253 Abs. 1 an Stelle der „Zustellung" zu setzen die „Einreichung" eines Schriftsatzes,

2. in § 267 zu dem Satz 2 zuzusetzen: „soweit es sich um die Unterbrechung einer Verjährung handelt, im übrigen aber unbeschadet der Vorschrift des § 207 mit der Zustellung der Klagschrift.[1])

Durch diese Änderung würde zugleich auch erreicht, daß die zwischen Einreichung und Zustellung eintretende Veränderung des **Wertes** des Streitgegenstandes dem Kläger nicht mehr wie bisher schädlich werden kann.

Kann man sich nicht entschließen, hinsichtlich der landgerichtlichen Klage so viel zu ändern, so ist es mindestens wünschenswert, in einem § 253a zu bestimmen:

> **Stellt sich in der mündlichen Verhandlung heraus, daß in der Klagschrift ein wesentlicher Bestandteil fehlt oder daß sie nicht ordnungsmäßig zugestellt ist, so kann der Kläger verlangen, daß die Verhandlung vertagt wird.**

Durch diese Vorschrift würde es dem Kläger ermöglicht, formale Mängel durch Nachholung des Fehlenden und Wiederholung der Zustellung zu beseitigen und zu verhüten, daß aus derartigen Gründen eine Abweisung der ganzen Klage stattfinden kann.

Zu § 255 des Gesetzes.

In der Besprechung des § 510b des Entwurfs ist die Hinzufügung eines Abs. 3 zu § 255 vorgeschlagen und begründet.

Zu § 274 des Gesetzes.

Es wird empfohlen, in Abs. 1 und 3 sowie in den ersten Worten des Abs. 2 an Stelle der „Einreden" das Wort „Einwendungen" zu setzen und in Abs. 2 Nr. 1, 2, 7 statt von „Einrede" von „Rüge" zu sprechen. Entsprechend ist in § 504 zu verfahren.

---

[1]) Hierdurch erhielte der § 267 eine viel weitergehende Bedeutung als er jetzt hat. Er würde bestimmen, wann im **Sinne des** BGB. die Rechtshängigkeit eintritt. Die Art der von mir vorgeschlagenen Formulierung würde es nicht nötig machen, in dem BGB. Änderungen vorzunehmen.

Zu § 275 des Gesetzes.

Es ist dringend zu empfehlen, gegen das Zwischenurteil das Rechtsmittel der sofortigen Beschwerde zu geben. Die gegenwärtige Regelung hat zu schweren Mißständen geführt. Sie gibt dem Beklagten ein häufig mißbrauchtes Mittel zur Prozeßverzögerung, wenn in einem unnötig weitläufigen Verfahren über Vorfragen verhandelt und entschieden werden muß. Die Zulassung der Beschwerde setzt die Fristen herab und führt regelmäßig zum Wegfall der mündlichen Verhandlung.

Noch besser wäre es, wenn man sich schon jetzt entschließen könnte, derartige Entscheidungen in Beschlußform ergehen zu lassen und die zu § 496 (S. 28) empfohlene Regelung zu verallgemeinern.

Zu § 276 des Gesetzes.

Die außerordentlich glückliche Bestimmung des § 505 des Entwurfs ist an Stelle des § 276 zu setzen und dann im Abschnitt über das amtsgerichtliche Verfahren zu streichen. Sie ist deshalb mit Freuden zu begrüßen, weil sie 1. die schwere Schädigung des sich in der Wahl des Gerichts vergreifenden Klägers aufhebt oder doch sehr erheblich mindert, 2. durch die Wahl des unanfechtbaren Beschlusses (statt des Urteils) es ermöglicht, den Prozeß alsbald vor dem anderen Gericht fortzusetzen, und 3. so den Reiz, den bisher die Rüge der Unzuständigkeit hatte, fortfallen läßt. Auch die Rechtsmittelgerichte werden einen Vorteil davon haben, daß die Zahl der Abweisungen wegen Unzuständigkeit sich außerordentlich vermindern wird.

Zu § 278 des Gesetzes.

Die folgende Vorschrift (§ 278a) ist zu § 496 (S. 34 bis 37) gerechtfertigt.

> „Die Parteien haben sich wahrheitsgemäß zu erklären.
>
> Stellt die Partei oder ihr Vertreter in einer mündlichen Verhandlung oder in einem nicht nur vorbereitenden Schriftsatze eine tatsächliche Behauptung auf, obwohl sie ihre Unwahrheit kennen, oder wird von ihnen die Wahrheit einer Tatsache wider besseres Wissen bestritten, so ist unbeschadet einer nach dem Strafgesetzbuch eintretenden Bestrafung eine Prozeßstrafe im Betrag von 20 Mark bis 500 Mark zu verhängen. Die Strafe fließt zur Armenkasse des Ortes des sie verhängenden Gerichts."

Zu § 283 des Gesetzes.

Hierher (als § 283a) ist die im Entwurf als § 501 vorgesehene und von mir in den Bemerkungen S. 32f. besprochene Vorschrift (Herbeischaffung von Beweismitteln auf Grund schriftlicher Antragstellung) zu setzen. Die große Verbesserung, die die Vorschrift dem amtsgerichtlichen Verfahren bringen soll, darf dem landgerichtlichen nicht vorenthalten werden. Dieser Vorschlag ist ganz unabweisbar, wenn auf die Vermehrung der Termine ein so schwerer Nachteil gesetzt wird, wie er im neuen § 48 GKG. angedroht ist.

Zu § 285 des Gesetzes.

Es wird vorgeschlagen, dem § 285 einen Abs. 3 hinzuzufügen:

> **Haben die Parteien dem Gerichte angezeigt, daß sie ihren Anträgen und Erklärungen nichts hinzuzusetzen haben, so kann das Gericht die Entscheidung auf Grund der bisherigen Verhandlungen und der Beweisaufnahmen fällen und verkünden.**

Durch diesen Zusatz würde wenigstens das erreicht, daß die Parteien bzw. ihre Vertreter, obwohl sie nichts Neues mehr vorzubringen haben, nach der Beweisaufnahme nochmals unnütz zu erscheinen brauchen. Aber es würde auch weit sicherer, als durch den § 48 GKG. (alter und neuer Fassung) verhütet werden, daß die gerichtliche Vorbereitung der Entscheidung so häufig unnütz bleibt, weil einer der Anwälte verhindert ist und deshalb auch der andere nicht verhandelt. Die Vorschrift hängt zusammen mit dem zu § 332 gemachten Vorschlag (S. 38/39) und ergänzt ihn.

In der empfohlenen Vorschrift liegt einmal der Verzicht auf den unbrauchbaren Grundsatz, daß die Parteien die Ergebnisse der Beweisaufnahme vorzutragen haben, und ein Bruch mit dem Prinzip, daß die Parteien nach der Beweisaufnahme das Sachverhältnis (nochmals) darlegen sollen. Aber die Annahme meines Vorschlags würde doch nur ein Verfahren legalisieren, welches tatsächlich sich schon jetzt in viel weiterem Umfange gebildet hat und das man durch die Fiktion, es sei vorgetragen, notdürftig in scheinbaren Einklang mit dem Gesetz zu bringen pflegt. Eine Vorschrift, die sich so sehr mit den Bedürfnissen der Praxis in Widerspruch setzt, daß sie in Wahrheit nicht beachtet wird, soll man beseitigen. Dann brauchten auch nicht mehr so viele Protokolle gefertigt zu werden, in denen beurkundet wird, was tatsächlich nicht geschehen ist.

Die Fassung „kann entscheiden" ist gewählt, um dem Gericht die Möglichkeit zu lassen, das Erscheinen anzuordnen, wenn dies nach Lage der Sache für erforderlich (§ 139) erachtet wird.

Ein wirklicher Bruch mit dem Prinzip der Mündlichkeit würde vollzogen, wenn den Parteien gestattet würde, durch eingereichte Schriftsätze die mündliche Verhandlung zu ersetzen. Davon ist der von mir gemachte Vorschlag weit entfernt. Er will die Parteien nur davon entbinden, das schon vorgetragene Material nochmals zu wiederholen und über das Ergebnis der Beweisaufnahme zu „verhandeln", wenn sie nichts zu verhandeln haben und dies gemeinsam erklären.

Zu §§ 340, 518 des Gesetzes (Form der Einlegung des Einspruchs und der Berufung).

Die Beschwerde wurde von jeher, die Berufung wird seit der Novelle von 1905 durch Einreichung eines Schriftsatzes eingelegt; nach dem Entwurf soll das gleiche auch beim Einspruch gegen ein amtsgerichtliches Versäumnisurteil gelten (§ 508). Ist diese theoretisch allein richtige und praktisch allein brauchbare Lösung einmal in solchem Umfange eingeführt, so wäre es unerträglich, wenn diese Verbesserung dem landgerichtlichen Einspruch und der Berufung vorenthalten bliebe. Dies ist um so weniger zulässig, als ja der Entwurf schon Bestimmungen enthält, die die Berufung im allgemeinen betreffen. Eine verschiedene Beantwortung der gleichen Frage ist nicht zu rechtfertigen. Wird der bisherige Weg, auf dem Einspruch und Berufung im unmotivierten Gegensatz zu Revision und Beschwerde einzulegen waren, geändert, so haben die Parteien und die Gerichte in gleicher Weise Vorteil, jene insofern, als ihnen die Gefahr unwirksamer Geltendmachung der Rechtsbehelfe fast ganz abgenommen wird, diese insofern, als die Prüfung der Rechtzeitigkeit und Ordnungsmäßigkeit so leicht gemacht wird, daß sie spielend zu erledigen ist.

Um den Kreis zu schließen, ist nur noch nötig, die Klagerhebung generell und in vollem Maße durch Einreichung der Klagschrift geschehen zu lassen. Vgl. die Bemerkung zu § 253 (S. 21 f.).

Zu §§ 391/392 des Gesetzes.

Es wird folgende zu § 509 des Entwurfs (S. 39) gerechtfertigte Änderung vorgeschlagen.

§ 391. Der von dem Zeugen zu leistende Eid lautet, daß Zeuge nach bestem Wissen die reine Wahrheit gesagt, nichts verschwiegen und nichts hinzugesetzt habe.

§ 392. Die Beeidigung des Zeugen unterbleibt, wenn beide Parteien auf sie verzichtet haben.

Im übrigen erfolgt sie nur, wenn sie von dem Gericht zur Herbeiführung einer wahrheitsgemäßen Aussage für notwendig erachtet wird oder von einer Partei vor Abschluß der Vernehmung beantragt ist.

Die bezüglich der Sachverständigen nötige Änderung ist zu §§ 410 bis 411 vorgeschlagen.

Zu §§ 410/411 des Gesetzes.

Wird die Beeidigung des Sachverständigen, auch abgesehen vom Verzicht beider Teile, in der vom Entwurf § 509 vorgeschlagenen Weise im amtsgerichtlichen Verfahren beschränkt, so muß das gleiche auch für das landgerichtliche Verfahren geschehen. Deshalb wird empfohlen, den § 410 in folgender Weise zu ändern:

§ 410. Die Beeidigung des Sachverständigen unterbleibt, wenn beide Parteien auf sie verzichtet haben.

Im übrigen erfolgt sie nur, wenn sie von dem Gericht für erforderlich erachtet wird oder von einer Partei vor Abschluß der Vernehmung oder sofort nach der Verlesung des schriftlich erstatteten Gutachtens beantragt wird.

Der vor der Erstattung des Gutachtens vom Sachverständigen zu leistende Eid lautet, daß er das von ihm geforderte Gutachten unparteiisch und nach bestem Wissen und Gewissen erstatten werde.

Der nach der Erstattung des Gutachtens vom Sachverständigen zu leistende Eid lautet, daß er das Gutachten unparteiisch und nach bestem Wissen und Gewissen erstattet habe.

Abs. 5 = Abs. 2 des § 410 des Gesetzes.

§ 411. Abs. 1 wie im Gesetz.

Das Gericht kann das Erscheinen des Sachverständigen anordnen, damit er das schriftliche Gutachten erläutere oder nachträglich beeidige.

Der § 509 des Entwurfs berücksichtigt nicht die Möglichkeit der schriftlichen Erstattung des Gutachtens und bedarf deshalb not=

wendig der Ergänzung nach dieser Seite hin. Gerade mit Rücksicht auf diese Form der Begutachtung empfiehlt es sich auch, beim Sachverständigen die Form des Voreides zur Wahl zu stellen, damit nicht, wenn eine Partei vor Erstattung des Gutachtens die Beeidigung verlangt hat, durch ihre nachträgliche Vornahme eine unnötige Verzögerung eintreten muß. — Beim Zeugen ist es richtig, von einer „wahrheitsgemäßen Aussage" zu sprechen. Beim Sachverständigen kann man dies nicht tun. In Abs. 2 meines Vorschlags sind die Worte „zur Herbeiführung einer wahrheitsgemäßen Aussage" einfach fortgelassen. Erachtet man eine Verdeutlichung für nötig, so muß man von Herbeiführung eines unparteiischen Gutachtens sprechen.

Zusatz zu § 566 des Gesetzes (Einführung einer Rechtswahrung).

Schon bei dem jetzigen Stande der Gesetzgebung sind umfangreiche Gebiete des bürgerlichen Rechts der Einwirkung der reichsgerichtlichen Judikatur so gut wie ganz entzogen. Daß hierin ein großer und bedauerlicher Mißstand liegt, ist bereits von vielen Seiten hervorgehoben. Auch wird hieraus ein Argument gegen die Erweiterung der Zuständigkeit der Amtsgerichte abgeleitet.

Alles dies drängt zu der Frage, wie hier Abhilfe geschaffen werden kann. Sie liegt in der Einführung eines außerordentlichen Rechtsmittels, das

1. nur gegen amtsgerichtliche, nicht berufungsfähige Urteile, ferner gegen landgerichtliche und gegen irrevisible oberlandesgerichtliche Berufungsurteile gerichtet ist (gegen landgerichtliche auch insoweit, als erste Instanz ein Gewerbe- oder Kaufmannsgericht war) und
2. nur den Zweck hat, dem Reichsgericht die Nachprüfung in Beziehung auf die richtige Anwendung von reichsrechtlichen Normen zu eröffnen, die Rechtskraft des Urteils aber unberührt läßt, also nur zu einem Ausspruch über Existenz und Inhalt eine Rechtsnorm führt, und
3. nur dem Oberstaatsanwalt zusteht, der auch von Amts wegen einschreiten kann (binnen bestimmter Frist — etwa drei Monate — nach Fällung des Urteils).

Dieses Mittel zur Wahrung des Rechts, das in dem in langer Praxis bewährten französischen Kassationsrekurs sein Vorbild hat und vielleicht Rechtswahrung oder Rekurs genannt werden könnte, würde schon durch seine bloße Existenz segensreich wirken. Daß es nicht zu einer erheblichen Belastung des Reichsgerichts führe, wird dadurch verbürgt, daß es (im Gegensatz zum französischen Recht) nur der Staatsanwaltschaft gegeben wird. Es wird zu erwägen sein, ob man diese Behörde nicht in der Weise bindet, daß sie die Rechtswahrung nur im Einverständnis mit einer anderen, mehr richterlichen Instanz (etwa dem Präsidenten des Oberlandesgerichts) einlegen kann. Als nichtrichterlicher Beamter kann der Staatsanwalt durch Instruktionen derart gebunden werden, daß er die Rechtswahrung nur dann einlegt, wenn es sich um wichtige prinzipielle Fragen handelt, besonders aber um solche, bezüglich deren wahrgenommen ist, daß sie von verschiedenen Gerichten verschieden gehandhabt werden.

Die Entscheidung wäre natürlich ohne mündliche Verhandlung und ohne Zuziehung der Parteien zu fällen.

Zu § 496 des Entwurfs.

Es wird vorgeschlagen, aus dem Abs. 2 des § 496 des Entwurfs einen besonderen Paragraphen zu bilden und die Absätze 2, 3 neu hinzuzufügen. Der § 496 möge so lauten:

„Die Klage und andre Anträge, sowie Erklärungen und Anzeigen, die zuzustellen sind, werden bei dem Gericht schriftlich eingereicht oder mündlich zum Protokoll des Gerichtsschreibers angebracht. Die Partei soll den eingereichten Schriftsätzen die für die Zustellung erforderlichen Abschriften beifügen.

Anträge [1]) sind als unzulässig zurückzuweisen, wenn der Rechtsweg offenbar unzulässig ist, wenn dem Kläger oder Beklagten die Parteifähigkeit fehlt, oder wenn der Beklagte der Gerichtsbarkeit des angerufenen Gerichts nicht unterworfen ist. Gegen den Beschluß findet sofortige Beschwerde statt.

Das gleiche gilt, wenn ein andres Gericht ausschließlich zuständig oder die gewählte Prozeßart unzulässig ist, wenn es bei Gericht offenkundig ist, daß dem Antragsteller die Prozeßfähigkeit fehlt, oder wenn der Antragsteller seine Vertretungsbefugnis binnen einer ihm zu setzenden Frist nicht nachgewiesen hat, oder wenn in dem eingereichten Schriftsatze oder in dem Protokolle solche Angaben, die in ihm enthalten sein müssen oder ohne die die Ausführung der Zustellung nicht möglich ist, fehlen und nicht vom Antragsteller binnen einer ihm gesetzten Frist nachgebracht werden. Der Antragsteller kann zur Ergänzung vorgeladen werden."

---

[1]) Es handelt sich nicht nur um Klaganträge, sondern auch um Aufnahme des Verfahrens gegen Rechtsnachfolger und dergleichen.

Der Absatz 1 stimmt mit § 496 Abs. 2 überein. Nur sind die Worte „zugestellt werden sollen" durch die Worte „zuzustellen sind" ersetzt. Einen besonderen Antrag auf Zustellung will auch der Entwurf offenbar nicht fordern. Es genügt, daß nach dem Inhalt des Schriftsatzes eine Zustellung erforderlich ist.

Die Hinzufügung der in Abs. 2 und 3 enthaltenen Vorschriften wird durch die Einführung des Amtsbetriebes gefordert. Oder sollte es zulässig sein, daß das Gericht einen Exterritorialen oder den vor einem andern Gericht Recht nehmenden Landesherrn vorladet? Die andren in Abs. 2 bezeichneten Voraussetzungen sind als gleicher Natur auch gleich zu behandeln.

In Absatz 3 handelt es sich um fehlende Prozeßvoraussetzungen (im engeren Sinne). Das Gericht kann unmöglich einen von ihm entmündigten Geisteskranken vorladen. Das Amtsgericht würde sich lächerlich machen, wenn es in einer Ehesache zur Verhandlung des Rechtsstreits auffordern würde. Daß die Nachweisung der Legitimation des Vertreters vom Amtsgerichte bei der Terminsanberaumung fordern muß, war schon bisher aus § 88 II abzuleiten. Doch war es streitig und verdient besonders hervorgehoben zu werden. Wenn die Zustellungen von Amts wegen zu besorgen sind, so ist die genaue Angabe der Partei (ev. ihrer Wohnung) und ihres gesetzlichen Vertreters selbstverständlich notwendig, weil sonst der Gerichtsvollzieher einfach nicht zustellen kann. Daß für die Nachholung des Fehlenden, wenn sie überhaupt möglich ist, eine Frist gesetzt wird und daß die Vorladung in vielen Fällen der einfachste, schnellste und billigste Weg ist, bedarf kaum der Rechtfertigung. Österreich (§§ 84/5, 435) schreibt es ausdrücklich vor und vor unseren Gewerbegerichten hat sich eine entsprechende Praxis von selbst gebildet.

Die Zurückweisung kann natürlich nicht anders, als durch Beschluß geschehen.

Eine Prüfung der Schlüssigkeit der Klage soll dem Gericht nicht eingeräumt werden.

Der im Entwurf § 496 enthaltene Absatz 3 ist zu streichen, wenn die §§ 253, 263 so umgestaltet werden, wie es zu § 253 vorgeschlagen ist. Andernfalls ist dringend zu empfehlen, wenigstens die zeitliche Beschränkung (14 Tage, ev. 6 Monate) zu streichen. Der vorläufige Entwurf enthielt diese Beschränkung ebensowenig wie

§ 32 GGG. und traf damit das Richtige. Es wäre sinnlos, wenn es möglich wäre, daß die Partei, die rechtzeitig und ordnungsmäßig den Schriftsatz eingereicht hat, dadurch Schaden erleiden könnte, daß das Gericht nicht für rechtzeitige und ordnungsmäßige Zustellung sorgt. Die zeitliche Beschränkung ist offenbar aus § 207 II entnommen. Dort hat sie insofern einigen Sinn, als die Zustellung Parteisache ist und der Gerichtsschreiber sie nur vermittelt. Überträgt man aber die zeitliche Beschränkung mechanisch auf ein Verfahren mit Amtsbetrieb, so beachtet man nicht die große Verschiedenheit der beiden Situationen.

Der Ausdruck des § 32 des GGG. „demnächst ... erfolgt" führt dazu, daß der Rüge der Unwirksamkeit der Zustellung nötigenfalls durch Vertagung der Verhandlung und durch Anordnung erneuter Zustellung vorgebeugt werden kann. Durch die zeitliche Beschränkung werden die Zweifel und Streitigkeiten nicht, wie die Begründung des Entwurfs meint, vermieden, sondern hervorgerufen. Was soll denn geschehen, wenn im Termin gerügt wird, daß die Zustellung der Klageschrift binnen 2 Wochen von der Einreichung an (im Entwurf fehlt diese jedenfalls nötige Bestimmung des Anfangs der Frist?) nicht oder nicht wirksam erfolgt ist? Soll etwa die Klage nun abgewiesen werden, obwohl doch die Zustellung von Amts wegen zu besorgen ist? Wenn dies sinnlos wäre: welcher Nachteil soll den Kläger treffen, der doch keinerlei Einfluß auf die rechtzeitige und ordnungsmäßige Zustellung hat?

Zu § 496 Abs. 1, 4, 5, 6, § 497 des Entwurfs.

Es wird vorgeschlagen, aus diesen Vorschriften einen besonderen Paragraph zu bilden und die folgende Fassung, die inhaltlich von dem Entwurf nicht abweicht, zu wählen.

> § 497. Die Ladungen und Zustellungen erfolgen von Amts wegen. Ladungen durch die Partei finden nicht statt.
>
> Nach Bestimmung des Termins ist die Ladung der Parteien durch den Gerichtsschreiber zu veranlassen.
>
> Die Ladung einer Partei ist nicht erforderlich, wenn ihr der Termin bei der Stellung ihres Antrags, auf Grund dessen die Terminsbestimmung stattfindet, mitgeteilt worden ist. Die erfolgte Mitteilung ist zu den Akten zu vermerken.
>
> Wird eine Partei durch einen Anwalt vertreten, so genügt in allen Fällen sein mit Datum und Unterschrift versehenes Empfangsbekenntnis.

Auf Bestimmung des Gerichts kann die Mitteilung von Anträgen und Erklärungen ohne besondere Form erfolgen. Die Bestimmung kann auch allgemein ergehen.

Zu § 496 Abs. 6, § 498 des Entwurfs.

Der § 498 erscheint teils überflüssig, teils irreführend. Nicht nur die Klagschrift, sondern auch andere Anträge und Erklärungen sind dem Gegner zuzustellen (vorbereitende Schriftsätze, Einspruch, Aufnahmen und Anzeigen). Das folgt schon aus § 496 Abs. 2 des Entwurfs. — Soll entgegen meinem Vorschlag (Bem. zu § 253, S. 21f.) die allgemeine Vorschrift über den Zeitpunkt der Klagerhebung (§ 253 I) auch vor dem Amtsgericht gelten, so braucht dies wegen § 495 nicht gesagt zu sein. Noch weniger ist es nötig zu sagen, daß § 496 Abs. 3 des Entwurfs unberührt bleibt.

Dagegen ist zu empfehlen, daß § 496 Abs. 6 des Entwurfs in einen besonderen Paragraph verwiesen wird, und zwar in folgender Fassung.

„Die Zustellung der Urteile ist von den Parteien durch einen bei dem Gerichtsschreiber zu stellenden Antrag zu betreiben. Von der erfolgten Zustellung hat der Gerichtsschreiber die Partei zu benachrichtigen.

Die Ausfertigung der Urteile erfolgt, sofern nicht die Partei etwas anderes beantragt hat, unter Weglassung des Tatbestandes und der Entscheidungsgründe. Die Zustellung einer solchen Ausfertigung hat die Wirkungen der Zustellung des vollständigen Urteils."

Abs. 1 gibt nur den in § 496 Abs. 1 des Entwurfs gemachten Vorbehalt wieder. Die praktischen Erwägungen, die den Entwurf dazu geführt haben, die Zustellung der Urteile nicht von Amts wegen bewirken zu lassen, erscheinen zutreffend. Aber andrerseits ist es dringend zu wünschen, daß der Nachweis der Zustellung sich bei den Akten befindet, damit die wichtigste Frage des Prozesses: die Rechtskraft des Urteils, nicht in Zweifel bleiben kann. Dies wird auf die einfachste Weise durch den zu Abs. 1 vorgeschlagenen Zusatz erreicht. Ferner ist es nötig, daß die betreibende Partei erfährt, ob und wann die Zustellung erfolgt ist, da von dieser an die Berufungsfrist auch gegen sie selbst läuft. — Die vorgeschlagene Regelung ermöglicht es, daß mit der Zustellung gleichzeitig die Vollstreckung beginnt. Die Partei braucht dies nur zu beantragen.

Der vorgeschlagene Abs. 2 gibt den § 496 Abs. 6 des Entwurfs mit einer kleinen redaktionellen Änderung wieder.

Dringend zu empfehlen ist, daß wenigstens in der Begründung des Entwurfs auf die Notwendigkeit einer sorgfältigen Abfassung der Urteilsformel hingewiesen wird. Diese muß auch ohne Zuhilfenahme von Tatbestand und Gründen einen bestimmten Sinn ergeben. Sie muß nicht nur den abgeurteilten Anspruch bezeichnen, sondern im Fall der Abweisung auch ihren Sinn. Es darf nicht formuliert werden: „die Klage wird abgewiesen", sondern so: „die auf Zahlung von Kaufgeld für eine gelieferte Kuh gerichtete Klage wird als unbegründet (oder: als unzulässig, oder wegen Unzuständigkeit usw.) abgewiesen. Die Verurteilung muß nicht nur die Summe, sondern auch den Grund des Anspruchs angeben. Nur dann, wenn so verfahren wird, kann die Weglassung von Tatbestand und Gründen gebilligt werden.

Zu empfehlen ist es, diesen Paragraphen über das Urteil mit dem Paragraphen über das Versäumnisurteil an den Schluß zu setzen.

Zu § 501 des Entwurfs.

In der Vorschrift ist eine der wesentlichsten Verbesserungen des Verfahrens zu erblicken. Da sie aber so verstanden ist, als wolle sie die Inquisitionsmaxime an die Stelle der Verhandlungsmaxime setzen,[1]) so ist zu empfehlen, den Abs. 1 so zu fassen:

> „Das Gericht hat auf Grund der Klagschrift oder der vorbereitenden Schriftsätze oder auf schriftlichen Antrag einer Partei solche Anordnungen zu treffen, die nach den Umständen geeignet sind, Vertagungen zu verhüten. Das Gericht kann usw.

In Abs. 1 Nr. 4 wird aus dem gleichen Grunde empfohlen, hinter „Zeugen" zuzusetzen: „die von dem Kläger oder dem Beklagten benannt sind".

In Absatz 1 ist an Stelle des „kann" das Wort „hat" gesetzt. Dies ist dringend zu empfehlen und unbedenklich, weil ja zur Voraussetzung gemacht ist, daß die Anordnungen nach den Umständen

---

[1]) In einem sehr besonnenen Artikel in der DJZ. 1907 S. 1175 spricht sich Justizrat Heinitz im Gegensatz zu Hachenburg (JW. 1907 S. 603) für die Vorschrift aus.

zweckentsprechend sind. Ist dies aber der Fall, so hat es keinen Sinn, dem Gericht die Möglichkeit zu gewähren, trotzdem aus Bequemlichkeit oder übergroßer Ängstlichkeit die Anordnung zu unterlassen.

Durch die in Abs. 2 des Entwurfs am Schluß gemachte Beschränkung „oder von beiden Parteien beantragt wird" wird der Wert der ganzen Neuerung außerordentlich verringert, ja für die meisten und wichtigsten Fälle völlig aufgehoben. Zu einem Antrag beider Parteien wird es höchst selten kommen. Der Zweck ist doch zu ermöglichen, daß das Beweismittel in dem Termin sofort benutzt werden kann, wenn das Bedürfnis dazu vorliegt. Man nehme den Fall, daß der Kläger aus Darlehn klagt und, weil er weiß, daß der Beklagte die Auszahlung leugnen wird, alsbald in der Klagschrift seine Zeugen benannt und ihre Ladung beantragt hat. Oder: Der auf Kaufgeld Beklagte behauptet, es schon bezahlt zu haben, und beantragt bei dem Gericht, einen Zeugen zum Termin zu laden.

Wird es in solchen Fällen dem Antragsteller gelingen, den Gegner zur rechtzeitigen gemeinsamen Stellung des Antrags zu veranlassen? Und weshalb soll er es? Weshalb genügt nicht sein Antrag? Man muß sich nur darüber klar sein, daß der § 508 nicht die Verhandlungsmaxime, sondern das Prinzip der Mündlichkeit durchbricht. Nach der Regel müssen die Beweismittel in der Verhandlung benannt sein; dann aber genügt der Antrag der einen Partei. Würde in unserem Falle der Antrag beider Teile verlangt, so wäre dies irrationell und höchst unzweckmäßig. Ein Kostenpflichtiger ist auch bei dem Antrage einer Partei vorhanden.

Es mag übrigens bemerkt sein, daß bei den Gewerbegerichten und dem Patentamt die Praxis, die der § 508 sanktionieren will, schon längst ohne gesetzliche Bestimmung geübt wird. Man hört sogar, daß manche Vorsitzende von ordentlichen Gerichten in besonderen Fällen schon jene Praxis haben. Sie wird so sehr durch die Vernunft der Dinge verlangt, daß dies begreiflich erscheint. Es ist in der Tat nichts unsinniger, als daß das Gericht, nachdem es durch den Vortrag über den ganzen Sachverhalt unterrichtet ist, unbedingt vertagen muß, um dann nach Verwischung des so gewonnenen Bildes in die Beweisaufnahme einzutreten.

Zu § 283 (S. 24) und zu § 48 GKG. (S. 53) ist der Vorschlag, die Vorschrift zu verallgemeinern, gerechtfertigt worden.

Zu § 502 des Entwurfs.

Folgende Fassung wird vorgeschlagen:

Das Gericht hat mit allen gesetzlich zulässigen Mitteln dafür zu sorgen, daß der Rechtsstreit ohne Verzögerung geführt und beendigt wird.

In der mündlichen Verhandlung hat das Gericht das Sach- und Streitverhältnis mit den Parteien zu erörtern und dahin zu wirken, daß die Parteien sich wahrheitsgemäß, bestimmt und vollständig erklären und die sachdienlichen Anträge stellen.

Das Gericht hat in jeder Lage des Prozesses in angemessener Weise dahin zu wirken, daß der Prozeß durch gütliche Einigung über den geltend gemachten Anspruch (Vergleich) erledigt wird.

Die Absätze 1 und 3 dieses Vorschlages sind im Entwurf nicht enthalten. Der vorläufige Entwurf enthielt sie (Abs. 1 = § 497 I, Abs. 3 = § 502 II). Sie verdienen, in das Gesetz aufgenommen zu werden, obwohl sie eigentlich wegen der Wichtigkeit nur aussprechen, was sich von selbst versteht.

In Absatz 1 ist die Fassung: „für möglichst schnelle Erledigung sorgen" nicht gewählt, weil man — sachlich unbegründet — den Vorwurf erhoben hat, die Schnelligkeit solle an Stelle der Gründlichkeit gesetzt werden. Davon ist natürlich gar nicht die Rede. Es soll den Richtern nur eingeschärft werden, daß jede *unnötige* Verzögerung verhütet werden soll. Die darin enthaltene Mahnung hat sowohl die Tätigkeit im Auge, die der Richter selbst zur Erreichung des Prozeßzweckes zu entfalten hat, als auch die Tätigkeit der Parteien. In der ersten Beziehung kommt in Betracht, daß der Richter die Termine nicht länger hinausschiebt, als es nötig ist, daß er die Sachlage sofort vollständig durchdenkt und die nach der Prozeßlage erforderlichen Beweise mit *einem* Male anordnet, daß er die Beweisbeschlüsse so vollständig abfaßt, daß ein ersuchter Richter die Punkte, auf die es ankommt, schnell und vollständig übersehen kann und Ergänzungen der Beweisaufnahme vermieden werden und dergl. Hinsichtlich der Parteitätigkeit soll dem Richter eingeschärft werden, daß er zielbewußt und kraftvoll alle gesetzlichen Mittel anwendet, um sofort eine vollständige Erklärung zu erhalten, um den Versuchen der Prozeßverschleppung entgegenzutreten und sie da, wo sie vorkommen und das Gesetz sie geahndet wissen will, auch ahndet. Nach den Erfahrungen, die wir bisher gesammelt haben, ist es angebracht, die Gesetzesabsicht nach den beiden bezeichneten Richtungen hin ganz bestimmt zum Ausdruck zu bringen.

Der § 502 des vorläufigen Entwurfs enthielt im Anschluß an § 41 des GGG. die Vorschrift, daß das Gericht auf eine gütliche Erledigung des Rechtsstreits hinzuwirken habe. Diese Bestimmung hat sich im Gewerbegerichtsverfahren außerordentlich bewährt, und es ist dringend zu wünschen, daß sie in das Gesetz aufgenommen wird. Sie bedeutet keineswegs, daß das Gericht unter allen Umständen suchen soll, einen Vergleich im Sinne des § 779 BGB. (also mit gegenseitigem Nachgeben) herbeizuführen. Sondern seine Aufgabe ist, eine gütliche gerechte Einigung der Parteien zu fördern; diese kann ebenso im Anerkenntnis der völligen Begründetheit oder Unbegründetheit des geltend gemachten Anspruchs bestehen, wie in der Vereinigung auf mittlerer Linie. Um dies klarzustellen, empfehle ich, statt „gütliche Erledigung des Rechtsstreits“ zu sagen: „gütliche Einigung über den geltend gemachten Anspruch.“ Voraussetzung für die in Absatz 3 dem Gericht zur Pflicht gemachte Einwirkung auf die Einigung ist natürlich, daß die Rechtslage sich schon einigermaßen übersehen läßt. Macht der Beklagte einfach geltend, er habe das Darlehen nicht erhalten oder er habe das Kaufgeld bereits gezahlt, so wird kein verständiger Richter zu einem Vergleich raten.

Im vorläufigen Entwurf standen vor dem Worte „vollständig erklären“ die Worte „wahrheitsgemäß und“. Der Entwurf hat sie fortgelassen. Dies ist sehr zu bedauern.

Unsere CPO. eröffnet zwar jeder Partei die Möglichkeit, unwahre Behauptungen aufzustellen und ihren Beweis zu versuchen oder jede tatsächliche Angabe des Gegners zu bestreiten und ihn dadurch zum Beweise zu nötigen. Aber aus dem Geiste des Gesetzes, der in einer Reihe von einzelnen Bestimmungen zum (leider unvollkommenen!) Ausdruck kommt, ist auch für unser jetziges Recht zu behaupten, daß das Verfahren nicht jeder ethischen Grundlage entbehren soll. Der Kampf der Parteien darf nicht mit unehrlichen Waffen geführt werden. Die Partei hat keineswegs ein Recht dazu, von den eben bezeichneten Möglichkeiten Gebrauch zu machen. Vielmehr besteht schon jetzt die

Wahrheitspflicht[1]). Die Partei, die streitet (der Beklagte also nur dann, wenn er widerspricht), ist prozeßrechtlich verpflichtet, bei der Wahrheit zu bleiben. Sie darf weder bewußtermaßen unwahre Tatsachen behaupten noch tatsächliche Behauptungen des Gegners bestreiten, obwohl sie weiß, daß sie wahr sind.

Allein diese Wahrheitspflicht wird von anderen Seiten in der Theorie lebhaft bestritten, und in der Praxis kann man die Beobachtung machen, daß man im Prozesse an ein Recht zur Lüge glaubt und dort ungeniert das tut, was außerhalb des Prozesses ein anständiger Mensch weder für sich noch für einen andern tun wird.[2]) Ja, sogar in der Praxis der Gerichte wird die Lüge im Prozesse als so alltäglich und unabwendbar angesehen, daß der bewußten Aufstellung falscher Behauptungen die Fähigkeit, den Tatbestand des Betrugs zu bilden, abgesprochen wird.

Bei dieser Sachlage war es wahrhaft erquickend, daß die Wahrheitspflicht vom vorläufigen Entwurf auch ausdrücklich anerkannt wurde. Aus dem Umstand, daß die Worte „wahrheitsgemäß" in § 502 gestrichen sind, können und werden die unheilvollsten Folgerungen gezogen werden. Man wird sagen: der schüchterne Versuch, die Wahrheitspflicht **einzuführen**, ist als undurchführbar aufgegeben; nun ist es also sicher, daß wir ein Recht haben, schlechthin jede Behauptung zu bestreiten und vom Gegner Beweis zu verlangen; nun ist klargestellt, daß wir jede Behauptung aufstellen dürfen und ein Recht haben, ihren Beweis zu versuchen! Wenn solche Argumentation hervorgerufen wird, so werden wir auf der abschüssigen Bahn, auf der wir jetzt schon sind, immer tiefer abwärts gleiten. Der Prozeß wird immer mehr aus einem Verfahren, dessen Bestimmung ist, bestehende Rechte zu schützen und nicht begründete Rechtsbehauptungen zurückzuweisen, zu einem Verfahren werden, in dem man zu dem Versuch befugt zu sein glaubt, durch skrupellose Ausnutzung aller gesetzlichen Möglichkeiten Recht in Unrecht und Unrecht in Recht zu verkehren. Diejenigen

[1]) Die neueste Darstellung der ganzen Frage gibt mein Lehrbuch Bd. 2 S. 40ff.

[2]) Ich erinnere an den skandalösen Verlauf, den so häufig Prozesse nehmen, die auf den Namen eines Haftpflichtversicherten, aber auf Rechnung der Versicherungsgesellschaften geführt werden, und in denen dem verunglückten Kläger jede nur irgend bestreitbare Tatsache bestritten und jede nur denkbare Einwendung entgegengesetzt wird.

Anwälte, die ihren Beruf darin sehen, Mithelfer bei der Rechtspflege zu sein, werden es unter den geschilderten Umständen immer schwerer haben, ihre Auffassung gegenüber denjenigen Elementen zur Geltung zu bringen, die schon bisher glauben, in Beziehung auf das tatsächliche Vorbringen in einer Weise aufzutreten, die vor einem englischen Richter geradezu unmöglich ist. Man vergesse auch nicht, daß die Prozeßverschleppung zu einem großen Teil ihre Wurzel in der Verletzung der Wahrheitspflicht hat: in der Aufstellung von erfundenen tatsächlichen Behauptungen, im schikanösen Bestreiten von Tatsachen und in der Beantragung von langwierigen Beweisaufnahmen, deren notwendig ergebnisloser Verlauf dem Antragsteller wohl bekannt war und in dem Richter, der ihr Zeit und Kraft widmet, das Gefühl der Erbitterung hervorruft.

Vor solcher Verderbnis und Erniedrigung muß unser Prozeß bewahrt werden. Dazu ist **mindestens** nötig, daß die Worte „wahrheitsgemäß" wieder eingesetzt werden. Dies muß schon deshalb gefordert werden, damit auch die Richter wieder nachdrücklich an die Existenz der Wahrheitspflicht erinnert und dazu ermutigt werden, die Mittel, die das Gesetz schon jetzt gewährt, mit größerer Energie zu benutzen, als es bisher geschehen ist. Zu diesen Mitteln gehörte auch die Verhängung der in § 48 GKG. vorgesehenen Prozeßstrafe. Der Entwurf beabsichtigt ihre Beseitigung. Wenngleich nun sicher ist, daß der § 48 seinen Zweck: die Verhütung der Prozeßverschleppung nicht erreicht hat, so würde doch die völlige Beseitigung der reinen Prozeßstrafe um so mehr zu bedauern sein, als der neue § 48 des GKG. schwerlich ausreichen wird, um die Prozeßverschleppung gründlich zu bekämpfen. Um den eigentlichen Sitz des Übels zu treffen und alle bei der Rechtspflege beteiligten Personen energisch daran zu erinnern, daß die Lüge vor Gericht ein Prozeßdelikt ist, empfehle ich, auf die Lüge eine Prozeßstrafe zu setzen, die man, um jeden Gedanken an fiskalische Motive auszuschließen, an die Armenkasse des Prozeßgerichts fließen lassen sollte. Auch ist dringend zu empfehlen, die Vorschrift in die CPO. und zwar in das erste Buch zu setzen, weil auch der § 48 GKG. des Gesetzes und des Entwurfs allgemeine Geltung hat und die Beschränkung auf das amtsgerichtliche Verfahren gerade in diesem Punkte besonders bedauerlich und sinnlos wäre. Die vorgeschlagene Vorschrift ist als § 278 a (S. 23) formuliert.

Zu § 503 des Entwurfs.

Bleiben die Parteien in dem Termin aus, ohne das Gericht rechtzeitig davon zu benachrichtigen, so liegt hierin nicht nur eine Störung des Geschäftsbetriebs, sondern auch eine nicht mit Stillschweigen hinzunehmende Mißachtung des Richters. Die österreichische CPO. § 168 sucht einem solchen Verhalten dadurch entgegenzutreten, daß 1. ein neuer Termin nicht vor Ablauf von drei Monaten anberaumt wird und 2. die Parteien hiervon unter Angabe des Grundes benachrichtigt werden. Die Übernahme dieser Vorschrift dürfte zu empfehlen sein.

Zu § 505 des Entwurfs.

Die Beseitigung oder Beschränkung der urteilsmäßigen Abweisung (wegen Unzuständigkeit) ist schon mehrfach gefordert und entspricht einem praktischen Bedürfnis. Sie ist aber aus den zu § 276 angeführten Gründen (S. 23) zu verallgemeinern.

Zu § 508 des Entwurfs.

Sowohl die Verkürzung der Einspruchsfrist als auch die Vorschrift, daß die Einlegung des Einspruchs durch Einreichung eines Schriftsatzes geschieht, sind eine wesentliche Verbesserung. Aber beide Änderungen dürfen nicht auf das amtsgerichtliche Verfahren beschränkt bleiben. Vgl. die Bemerkung zu §§ 340, 518 (S. 25).

Wünschenswert ist die Beseitigung der Bestimmung, daß bei einer Säumnis im fortgesetzten Verfahren ein Versäumnisurteil (ohne Rücksicht auf das bisher gewonnene Ergebnis) erlassen wird (§ 332). Diese Regelung führt nur zu unnötigen Weiterungen. Sie gibt der Partei die Möglichkeit, nach Belieben den Prozeß hinzuziehen. Wenn sie aus irgendwelchen Gründen die Fällung des Endurteils hinausschieben will, entfernt sie sich und nötigt dadurch den Gegner, zu wählen, ob er ein Versäumnisurteil herbeiführen oder auch seinerseits sich entfernen will. Wenn er weiß, daß das Versäumnisurteil doch angefochten wird, so wird er sich häufig veranlaßt sehen, von seiner Beantragung abzusehen, da sie dem Gegner nur die gewollte Gelegenheit zur sachlich ungestraften Verzögerung des Prozesses geben würde. Empfehlenswert ist, daß in solchen Fällen auf Antrag gewöhnliches (nur mit Berufung angreifbares) Urteil zu erlassen ist. Namentlich in zweiter Instanz hat die vorgeschlagene Änderung große Bedeutung; ist sie als allgemeine Vorschrift nicht zu erreichen, so sollte sie mindestens für den Amtsgerichtsprozeß eingeführt werden.

Zu § 509 des Entwurfs.

Der Absatz 1 bringt eine Neuerung nur insofern, als die Ausführung der Beweisaufnahme vorgeschrieben wird, falls die unverzügliche Gestellung der Zeugen und Sachverständigen (z. B. durch den Fernsprecher oder durch den Gerichtsdiener) möglich ist. Dies ist eine sehr verständige Vorschrift, deren Anwendung die Schnelligkeit ohne jede Gefährdung der Gründlichkeit fördert, von der man aber schwerlich begreifen kann, weshalb sie auf das amtsgerichtliche Verfahren beschränkt sein soll.

Dasselbe gilt von Absatz 2. Er enthält eine grundsätzliche Abwendung von den Prinzipien, die die CPO. beherrschen. Das Bestreben, die Beeidigung der Auskunftspersonen möglichst zu beschränken, ist durchaus zu billigen. Ebenso auch die Ersetzung des Voreides durch den Nacheid. Der beste Beweis für die Unrichtigkeit der Erwägungen, die zu der Einführung des Voreides geführt haben, liegt darin, daß man in der Praxis vieler Gerichte schon jetzt contra legem dazu gekommen ist, möglichst häufig die Beeidigung zunächst auszusetzen, also auf einem Umwege zu dem Nacheid zu gelangen.

Beide Vorschriften sind zu generalisieren. Der Absatz 1 des § 509 kann entweder dem § 355 als Absatz 3 hinzugefügt oder als § 355a eingesetzt werden. Der Absatz 2 des § 509 des Entwurfs ist dadurch zu verallgemeinern, daß die §§ 391/392, 410/411 geändert werden. Jedenfalls kann es bei dem § 509 Absatz 2, so wie er lautet, bezüglich des Sachverständigen nicht belassen werden, da das Gesetz bei ihm nur die Form des Voreides kennt, nun aber die Möglichkeit der nachträglichen Beeidigung eröffnet wird. Vgl. näher o. S. 26/27.

Zu § 510b des Entwurfs.

Schon jetzt (§ 255) hat der Kläger das Recht, die Bestimmung einer Frist zu verlangen, die natürlich erst von der Rechtskraft an zu laufen beginnt. Nach richtiger, allerdings bestrittener Ansicht (vgl. Hellwig Anspr. u. Klagr. S. 114f., Lehrbuch Bd. 1 § 57 S. 376f.

Schmidt Lehrb. 2. Aufl. S. 717 f.; andrerseits Seuffert, Gaupp-Stein zu § 255) ist es auch schon jetzt möglich, die Klage aus dem eventuellen Anspruch, der nach Ablauf der Frist zum unbedingten wird, mit der Klage auf die ursprüngliche Leistung zu verbinden. Insofern der § 510 b dies bestimmt, ist er inhaltlich durchaus zu billigen. Bedenklich ist nur der Umstand, daß aus § 510 b ein argumentum e contrario für das landgerichtliche Verfahren zu befürchten ist. Dieser Gefahr wäre mindestens dadurch zu begegnen, daß ausdrücklich in der Begründung gesagt wird, die Bestimmung werde gegeben, um Zweifel über die Zulässigkeit des Verfahrens zu beseitigen. Vorzuziehen ist aber der Weg, daß in § 255 ein Absatz 3 beigefügt wird:

> „In den Fällen des Absatz 1 und 2 kann der Kläger verlangen, daß die bei Versäumung der Frist eintretenden Rechtsfolgen in dem Urteil ausgesprochen werden".

Dringend zu warnen ist vor der in der Begründung des Entwurfs zu § 510 b angezogenen Vorschrift des § 888 a. Danach soll, wie die Begründung sagt, die Zwangsvollstreckung schon dann, wenn die Verurteilung zur Zahlung einer Entschädigung ausgesprochen ist, ausgeschlossen sein! Man will also dem Kläger die Möglichkeit nehmen, zu versuchen, ob er durch die Zwangsvollstreckung die prinzipal geschilderte Leistung erhalten kann.

Eine solche Regelung würde einen starken und praktisch nicht zu billigenden Eingriff in das bürgerliche Recht enthalten. Denn nach diesem muß doch erst die gesetzte Frist abgelaufen sein, ehe die eventuell geschuldete Leistung verlangt werden kann (BGB. §§ 283, 325/326). Es müßte nicht „im Falle des § 510 b" (so § 888 a des Entwurfs) die Zwangsvollstreckung auf die prinzipale Leistung ausgeschlossen sein, sondern erst dann, wenn die Frist abgelaufen ist. Aber auch dann wäre es für denjenigen Kläger, der innerhalb der Frist die Zwangsvollstreckung begonnen hat, im höchsten Maße unbillig, wenn ihre Fortsetzung unzulässig würde, falls in ihrem Verlaufe die Frist abläuft. Es muß also die Einschränkung gemacht werden, daß dem „Gläubiger" der Ablauf der Frist nicht entgegensteht, wenn die Zwangsvollstreckung gemäß §§ 887/888 CPO. vor Ablauf der Frist begonnen und noch nicht beendigt ist.

Es mag dahingestellt bleiben, ob die Vorschrift des § 51

GewGG. (= § 91 a GewO.) so, wie sie lautet, gerechtfertigt ist. Vor einer Übertragung auf die vor dem Amtsgericht zu verhandelnden Sachen (bis 800 Mark!) ist auf jeden Fall zu warnen. Der Kreis dieser Sachen ist viel größer und mannigfaltiger. Man denke z. B. an den Fall, daß der Beklagte zur Rechnungslegung, zur Herausgabe eines geliehenen Buchs oder zur Beseitigung eines Überbaus verurteilt ist. Hier dem Kläger die Vollstreckung auf diese Leistungen zu versagen, weil er zugleich Verurteilung für den Fall ihres befristeten Unterbleibens verlangt und erreicht hat, erscheint völlig ungerechtfertigt. Ganz unmöglich aber ist dies, wenn es sich um die vor jenen besonderen Gerichten gar nicht in Frage kommenden Klagen aus dinglichen Ansprüchen (auf Herausgabe, auf Beseitigung eines beeinträchtigenden Zustandes) handelt.

Zu § 511 a und § 511 b (Berufung).

Die Änderung, die der Entwurf bezüglich der Berufung vorschlägt, besteht nur in ihrer Beschränkung. Die Gründe, die hierfür angeführt werden, rechtfertigen die vorgeschlagene Maßregel. Zweifelhaft kann nur sein, ob die Summe von 50 Mark nicht zu niedrig gegriffen ist (Gewerbegericht: 100 Mark, Kaufmannsgericht: 300 Mark). Erachtet man die Gründe, die jeder Beschränkung der Rechtsverfolgung entgegengesetzt werden können, nicht für durchschlagend, so wird man sich mindestens für eine Berufungssumme von 100 Mark entscheiden müssen. Selbstverständlich ist auch die Beschwerde (hinsichtlich der Prozeßkosten) in allen Fällen entsprechend zu beschränken. (Im Entwurf fehlt diese Vorschrift.)

Zu einer Beschränkung der Berufung wird man sich übrigens dann leichter entschließen können, wenn die zu § 566 (S. 27) vorgeschlagene Rechtswahrung eingeführt wird.

Nach einer andern Richtung zielt der oben zu § 340 (S. 25) gemachte Vorschlag, die aus der jetzt geltenden Form der Einlegung der Berufung entstehenden Gefahren und Streitigkeiten durch die Vorschrift zu beseitigen, daß die Einreichung der Berufungsschrift allgemein als Einlegung der Berufung gilt. Zur Rechtfertigung dieses Vorschlags wird auf die Ausführung S. 25 verwiesen. Wird er für die Berufung gegen die landgerichtlichen Urteile abgelehnt, so wäre wenigstens zu wünschen, daß er für die Berufung gegen die amtsgerichtlichen Urteile angenommen werde.

Radikaler wäre die Änderung, daß die Berufung beim index a quo einzulegen ist und daß diesem eine Art Vorprüfung ihrer Zulässigkeit und Rechtzeitigkeit zugewiesen wird. Doch ist wohl kaum zu hoffen, daß bei der gegenwärtigen Gelegenheit diese Verbesserung des Verfahrens, die auch ganz auf die Revision zu erstrecken wäre, zu erreichen sein wird.

Zu § 567 des Gesetzes.

Wird die Berufung an eine gewisse Höhe des Beschwerdegegenstandes gebunden, so wäre es sinnlos, in Kostensachen gegen die Entscheidungen der ersten Instanz die Anrufung der zweiten schlechthin zuzulassen. Es ist also dem § 567 in Absatz eine entsprechende Vorschrift einzufügen, etwa so:

> Gegen . . . Entscheidungen der Amtsgerichte und Landgerichte ist die Zulässigkeit der Beschwerde durch einen den Betrag von . . . Mark übersteigenden Wert des Beschwerdegegenstandes bedingt. Gegen solche Entscheidungen der Oberlandesgerichte ist eine Beschwerde nicht zulässig.

IV.

Das Mahnverfahren.

Von dem Mahnverfahren wird gegenwärtig ein verhältnismäßig geringer Gebrauch gemacht. Der Grund liegt in der ganz unzweckmäßigen Ausgestaltung des Verfahrens, zu der seit dem 1. Januar 1900 noch der § 866 Absatz 3 kam, der jeden Gläubiger, für den die Möglichkeit der Immobiliarvollstreckung in Betracht kam, von der Wahl des Mahnverfahrens abschrecken mußte. Das Ziel der Reform muß sein, das Verfahren so einfach, rasch und zweckmäßig zu gestalten, daß der verständige Gläubiger es von selbst wählt und es sich rechtfertigt, die Mehrkosten, die die Wahl des zum Versäumnisurteil führenden Klagverfahrens verursacht, als nicht erstattungsfähig zu bezeichnen.

Es ist vorgeschlagen, den Erlaß des Zahlungsbefehls dem Gerichtsschreiber zu übertragen. Dies erscheint mir durchaus unzulässig. Im Gegensatz zum Klagverfahren besteht im Mahnverfahren die erste Aufgabe des Gerichts in der Prüfung der Schlüssigkeit der zur Begründung des Gesuchs gemachten Angaben. Der Erlaß des Zahlungsbefehls ist eine (bedingte) Verurteilung und erfordert dieselbe Prüfung wie der Erlaß eines Versäumnisurteils (§ 691 I vgl. mit § 331). — Muß hiernach dem Gericht die Entscheidung verbleiben, so ist es sehr wohl zulässig und empfehlenswert, dem Richter freizustellen, daß er zwar den Zahlungsbefehl verfügt, seine Ausfertigung aber dem Gerichtsschreiber überträgt.

Zu § 693 des Entwurfs.

Selbstverständlich ist, daß die Zustellung des Zahlungsbefehls von Amts wegen geschehen muß und daß der Gerichtsschreiber den Gläubiger zu benachrichtigen hat (Abs. 1, 4). Die Absätze 2, 3 bedürfen einer Änderung, wenn die zu § 253 (S. 21 f.) gemachten Vorschläge für die Klage angenommen werden; sie sind dann durch die Vorschrift zu ersetzen, daß die Einreichung des Gesuchs die Wirkung der Einreichung der Klagschrift und die Zustellung des Zahlungsbefehls die Wirkung der Zustellung der Klagschrift hat. Auf alle Fälle aber ist aus den zu § 496 (S. 29, 30) angeführten Gründen die in Absatz 3 enthaltene zeitliche Beschränkung zu streichen.

Das jetzige Mahnverfahren wird durch die Langsamkeit entwertet. Der Schuldner hat von der Zustellung des Zahlungsbefehls an eine Woche Zeit zur Erhebung des Widerspruchs und dann nochmals zwei Wochen (nach § 508 des Entwurfs eine Woche) zur Erhebung des Einspruchs gegen den Vollstreckungsbefehl (beginnend mit dessen Zustellung). Dagegen wird dem Beklagten, der im Bezirke des Prozeßgerichtes wohnt, nur eine Einlassungsfrist von 3 Tagen gelassen, so daß der Kläger nach 3 + 7 Tagen ein rechtskräftiges Versäumnisurteil haben kann. Noch weit ungünstiger fährt der Gläubiger, wenn er in einer Wechselsache statt der Klage das Gesuch um einen Zahlungsbefehl wählt. Erwägt man, daß der Beklagte während der Einlassungsfrist sich schon für die mündliche Verhandlung vorbereiten muß, so ist es klar, daß es nicht gerechtfertigt sein kann, wenn ihm gegenüber dem Zahlungsbefehl eine längere Zeit gelassen wird und im Falle seines Widerspruchs längere Zeit verstreichen muß, als im Klagverfahren. Allermindestens muß gefordert werden, daß die Widerspruchsfrist nicht länger bemessen wird, als wenn Klage erhoben wäre. (§ 499, § 604 II des Entwurfs).

Technisch ist dieser Vorschlag dadurch zu verwirklichen, daß:

1. in § 693 statt „binnen einer Frist von einer Woche" gesagt wird: „binnen einer vom Gericht zu bestimmenden Notfrist",[1]) und
2. ein Absatz hinzugefügt wird:
   Die Frist ist nach § 499 festzusetzen, in Wechselsachen nach § 604.

Man muß aber noch mehr fordern. Im Strafprozeß erlangt der amtsrichterliche Strafbefehl, durch den eine Strafe bis 150 Mk. oder Haftstrafe bis zu 6 Wochen und die Einziehung ausgesprochen werden kann, bereits mit dem Ablauf der Widerspruchsfrist die Wirkung eines rechtskräftigen Urteils (StPO. § 449). Gibt es einen Grund, der diese Verschiedenheit in der Behandlung von Strafsachen und Ansprüchen auf Geld und andere vertretbare Sachen rechtfertigen könnte?[2]) Kann von dem Beschuldigten unbedingt verlangt werden, daß er vor Ablauf der Frist widerspricht, so ist es nicht unbillig, auch den Zahlungsbefehl mit dem Ablauf der Widerspruchsfrist unbedingt und rechtskräftig werden zu lassen. Nur muß natürlich dem Schuldner, der wegen unabwendbarer Hindernisse die Widerspruchsfrist versäumte, die Möglichkeit der Wiedereinsetzung gewährt werden. Dies geschieht dadurch, daß die Frist als Notfrist bezeichnet wird.

Durch eine solche Regelung würde das Mahnverfahren außerordentlich vereinfacht; es erhielte vor dem Klagverfahren einen Vorzug, der dazu führen würde, daß der Gläubiger überall da, wo die Forderung

[1]) Über die Notfrist vgl. die im Text folgende Bemerkung.

[2]) Auch bezüglich der Fristen der Rechtsmittel besteht zwischen Zivil- und Strafprozeß ein ganz unerklärlicher Zwiespalt. In diesem ist die Berufung binnen einer Woche, dort binnen eines Monats einzulegen, und die Frist beginnt in einem Falle mit der Verkündung des Urteils (StPO. § 355), im anderen aber erst mit der Zustellung.

vermutlich nicht bestritten werden wird, zum Zahlungsbefehl greift, wenn es nur gelingt, für den Fall des Widerspruchs eine zweckentsprechende Regelung zu finden. Vgl. auch o. S. 9.

Gemäß diesem Vorschlag wäre der § 694 so zu fassen:

> Ein Zahlungsbefehl, gegen den nicht rechtzeitig Widerspruch erhoben worden ist, erlangt die Wirkung einer rechtskräftigen Verurteilung.
>
> Wird der Widerspruch nur gegen einen Teil des Zahlungsbefehls erhoben, so gilt die Vorschrift des Abs. 1 insoweit, als Widerspruch nicht erhoben ist.
>
> Ein nicht rechtzeitig erhobener Widerspruch ist zurückzuweisen. Gegen die Zurückweisung findet sofortige Beschwerde statt.

Dann hätte das Gesetz fortzufahren:

> § 695. Erhebt der Schuldner rechtzeitig Widerspruch, so hat das Gericht den Gläubiger in Kenntnis zu setzen und dem Schuldner auf Verlangen eine Bescheinigung zu erteilen. Die Entscheidung, daß der Widerspruch rechtzeitig erfolgt sei, ist unanfechtbar.
>
> Der Schuldner soll den Grund des Widerspruchs und die Beweismittel, deren er sich zur Führung eines ihm obliegenden Beweises bedienen will, angeben.

Hierzu ist noch folgendes zu bemerken. Bei der Wichtigkeit, die nach meinem Vorschlag die Rechtzeitigkeit des Widerspruchs hat, ist die Vorschrift des Abs. 3 des § 694 erforderlich, während nach dem jetzigen Rechte (Abs. 3 des § 694) eine Zurückweisung nicht stattfand und nicht stattzufinden brauchte, weil der Schuldner ja immer noch Einspruch gegen den Vollstreckungsbefehl erheben konnte, und durch dessen Zustellung Kenntnis von der Nichtrechtzeitigkeit seines Einspruchs erhielt. Die Möglichkeit, eine Zurückweisung, die mit Unrecht erfolgt ist, anzufechten, muß dem Schuldner gewährt werden.

Der Abs. 1 des vorgeschlagenen § 695 entspricht dem Abs. 2 des § 694 des Gesetzes. Der hinzugefügte zweite Satz erscheint angemessen, um Streitigkeiten über die vom Gericht angenommene Rechtzeitigkeit des Widerspruchs abzuschneiden.

Die Sollvorschrift des Abs. 2 ist hinzugefügt, um dem Gericht die Möglichkeit zu gewähren, die erforderlichen Beweismittel zu dem ersten Verhandlungstermin gemäß § 501 des Entwurfs herbeizuschaffen.

Über die durch diese Vorschläge notwendig werdenden Veränderungen sind die Bemerkungen zu §§ 794, 796 (S. 51) zu vergleichen.

Unbefriedigend sind die Vorschriften des Gesetzes über das Verfahren nach erhobenem Widerspruch. Sie sind ein Hauptgrund dafür, daß das Mahnverfahren sich viel geringerer Beliebtheit zu erfreuen hat, als es im Interesse der Parteien und zur Entlastung der Gerichte wünschenswert ist.

Diese Vorschriften beruhen auf einer in sich ganz widerspruchsvollen Auffassung der prozessualen Bedeutung des Gesuchs um den Zahlungsbefehl und dessen Zustellung. Dies zeigt sich in der verschiedenen Behandlung der Fälle, in denen das Landgericht oder Amtsgericht zuständig ist, und in der den praktischen Bedürfnissen nicht gerecht werdenden Regelung der Fälle der ersten Art.

Das Mahngesuch entspricht in allen Stücken der Klagschrift; der Unterschied ist nur, daß an Stelle des Klagantrags das Gesuch um Erlaß des Zahlungsbefehls tritt. Allein dies ist nur ein formeller Unterschied. Denn in diesem Gesuch liegt der Antrag auf Erlaß des Leistungsbefehls, der ja auch den charakteristischen Inhalt der in der Klage vom Kläger zu verlangenden Verurteilung bildet. Damit, daß das Mahngesuch materiell mit der Klagschrift übereinstimmt, harmoniert es auch, wenn das Gesetz an die Zustellung den Eintritt der Rechtshängigkeit knüpft (§ 693) und diese trotz rechtzeitiger Erhebung des Widerspruchs fortdauernd läßt (§ 695 [2]).

Eine wegen ihrer Einfachheit und praktischen Brauchbarkeit vorbildliche Regelung der analogen strafprozessualen Rechtslage gibt § 451 StPO.: Nach rechtzeitigem Einspruch wird ohne weiteres zur Hauptverhandlung geschritten. Dies muß auch im Zivilprozeß das Prinzip sein und folgerichtig durchgeführt werden. Das Gesuch um Rechtsschutz ist vorhanden. Die eigentümliche Form des Gesuchs bedeutet nur, daß **zunächst** der Versuch gemacht wird, auf einem sehr einfachen Wege dem Kläger Rechtsschutz zu gewähren. Führt dieser Weg nicht zum Ziel, so muß das Gesuch um Rechtsschutz nun im weiteren so behandelt werden, wie das gewöhnliche Gesuch um Rechtsschutz durch Verurteilung (die Klage). Wie der Urkundenprozeß sich nach Erlaß eines Vorbehaltsurteils im ordentlichen Nachverfahren fortsetzt, so ist dies auch entsprechend hier so zu regeln.

Der Anspruch ist rechtshängig und bleibt es trotz des Widerspruchs. Also muß **jede** Partei die Möglichkeit haben, das Verfahren fortzusetzen und ein Urteil zu erwirken. So bestimmt auch das Gesetz für den

Fall, daß der Anspruch in die amtsgerichtliche Zuständigkeit fällt, allerdings mit der ganz unnötigen und auf einer unrichtigen Auffassung beruhenden Fiktion, daß „die Klage als mit der Zustellung des Zahlungsbefehls bei dem Amtsgericht erhoben angesehen wird" (§ 696 I). Aber für den Fall, daß „die Klage vor die Landgerichte gehört,[1]) wird die Erhebung einer Klage gefordert (§ 697). Dies ist theoretisch falsch, weil die Rechtshängigkeit ja schon vorhanden ist, eine Klage also gar keinen Sinn hat. Auch mit dem Anwaltszwange ist sie nicht zu rechtfertigen. Denn der Anwalt darf ja die Klage nicht ändern; enthält sie Fehler, so kann er sie also nicht gut machen. Was man Klage nennt, ist inhaltlich nichts anderes, als die vom Anwalt ausgehende Ladung zur Verhandlung über den bereits anhängigen Rechtsstreit. Was der Anwalt neues tun kann und tun soll, das ist die Vorbereitung der mündlichen Verhandlung durch Angabe der Umstände, die die Klage als vorbereitender Schriftsatz enthalten soll. Um dies vorzuschreiben, ist es natürlich keineswegs erforderlich, die Erhebung einer Klage zu fordern. Diese jetzige Regelung ist aber auch unpraktisch. Denn man sagt sich natürlich, daß die Nachsuchung des Zahlungsbefehls ganz zwecklos ist, wenn man doch noch die Klage erheben muß, und daß das Mahnverfahren die Sache nur verzögert, wenn auf die Klage hin noch die landgerichtliche Einlassungsfrist gewahrt werden muß. Auch ist es fehlerhaft, in **diesen** Fällen dem Schuldner die Möglichkeit zu nehmen, seinerseits die Erledigung des Rechtsstreits zu betreiben. Endlich berücksichtigt das Gesetz weder den Fall, daß die Parteien bereits eine Vereinbarung über die Zuständigkeit getroffen haben, noch die Möglichkeit, daß im Laufe des Verfahrens die Prorogation eintreten kann.

Hier bleiben nur zwei Möglichkeiten. Man muß entweder, wie von anderer Seite (Stein) vorgeschlagen ist, das Mahnverfahren auf solche Sachen beschränken, die zur amtsgerichtlichen Zuständigkeit gehören, oder man muß die Situation in einer den praktischen Bedürfnissen mehr Rechnung tragenden Weise regeln. Die Wahl des ersten Weges wäre sehr bedauerlich, weil sie für viele Fälle, namentlich für

[1]) Besonders greifbar ist die Widersinnigkeit der gesetzlichen Regelung, wenn das Amtsgericht den Vollstreckungsbefehl erlassen hatte und nun der Gläubiger gezwungen ist, Klage zu erheben, obwohl doch jener Befehl einem Versäumnisurteil gleichgestellt ist.

hypothekarische und Wechselklagen den Weg des Mahnverfahrens verschließen würde. So bleibt nur der andere Weg. Den Bedürfnissen des Rechtslebens wird genügt, wenn in allen Fällen nach erhobenem Widerspruch vor dem Amtsgericht die Verhandlung stattfindet und die Verweisung an das Landgericht dann und nur dann stattzufinden hat, wenn ein Bedürfnis dazu eintritt, d. h. wenn der Kläger oder der Beklagte es verlangen. Diese Verweisung muß so gestaltet werden, daß die Fortsetzung des Prozesses möglichst rasch und lediglich unter Wahrung der Ladungsfrist bewerkstelligt werden kann.

So gelange ich zu folgendem Vorschlag:

§ 696. Ist rechtzeitig Widerspruch erhoben, so hat das Gericht auf Antrag einer Partei den Termin zur mündlichen Verhandlung zu bestimmen. Dieser Antrag kann schon in dem Gesuch um Erlaß des Zahlungsbefehls und in Verbindung mit dem Widerspruch gestellt werden.

Erfüllt der Gläubiger die in § 593 bestimmten Voraussetzungen, so kann er verlangen, daß der Prozeß nach den im fünften Buch enthaltenen Vorschriften fortgesetzt wird. Dieser Antrag kann schon in dem Gesuch um Erlaß des Zahlungsbefehls gestellt werden.

Die Ladungsfrist beträgt mindestens drei Tage. In Wechselsachen (Abs. 2) finden die Vorschriften des § 604 Abs. 2[1]) Anwendung.

§ 697. Ist das Amtsgericht für die Entscheidung über den Anspruch nicht zuständig, so finden die Vorschriften des § 505 Abs. 2 und 3 entsprechende Anwendung[2]). Der Gläubiger kann die Verweisung an das vorgesetzte Landgericht auch schon in dem Gesuch um den Zahlungsbefehl beantragen. In diesem Falle findet keine mündliche Verhandlung vor dem Amtsgericht statt.

Zu § 696 ist noch zu bemerken, daß dem Vorschlag in Absatz 2 keine prinzipiellen Bedenken entgegenstehen. Praktisch ist er von großem Werte, weil er die Möglichkeit eröffnet, in jenem Falle in dem schleunigen Verfahren einen Vollstreckungstitel zu erlangen. Ein besonderes Wechselmahnverfahren wird hierdurch überflüssig, besonders dann, wenn durch Annahme des Absatz 3 Satz 2 für Wechselsachen die kurze Ladungsfrist vorgeschrieben wird.

Der vorgeschlagene § 697 regelt in einer den praktischen Bedürfnissen gerecht werdenden Weise die Fortsetzung des Prozesses vor

1, 2) Gemeint ist der Entwurf.

dem Landgericht. Zu bemerken ist nur noch, daß dann, wenn der Kläger vor Anberaumung des Termins die Überweisung beantragt, die Verhandlung vor dem Amtsgericht ganz überflüssig ist. Dem Gericht und den Parteien wird Zeit und Mühe erspart, wenn das Gesetz die Überweisung gestattet. Natürlich verlangt der Gläubiger in diesem Falle die Überweisung auf seine Gefahr; ist das Landgericht nicht zuständig, so treffen ihn die Folgen.

Zu § 698 des Gesetzes.

Inhaltlich ist die Vorschrift des Absatz 1 zu billigen. Aber es ist nicht richtig, von dem „entstehenden Rechtsstreit" zu sprechen. Sogar schon auf dem Boden des Gesetzes ist dieser Ausdruck nicht korrekt. Denn die Rechtshängigkeit ist ja schon entstanden und bleibt erhalten. Demnach ist es richtiger, entsprechend dem § 506 II, 2 so zu formulieren:

„Die im Mahnverfahren entstandenen Kosten werden als Teil der bei dem Landgericht erwachsenen Kosten behandelt."

Der § 698 II ist nach den sogleich folgenden Ausführungen zu § 697 des Gesetzes zu streichen.

In § 697 hat das Gesetz bestimmt, daß die Rechtshängigkeit erlischt, wenn die Landgerichte für die Klage zuständig sind und diese nicht binnen sechs Monaten erhoben wird. Hierin liegt eine Prozeßverjährung, wie sie das Gesetz sonst nicht kennt. Bleiben im anhängigen Verfahren beide Teile untätig, so ruht eben der Prozeß. Dabei beläßt es das Gesetz denn auch, wenn der Anspruch vor die Amtsgerichte gehört, und ermöglicht also dem Gläubiger, der vielleicht Abschlagszahlungen erhält oder aus anderen Gründen die Verhandlung hinausschieben will, dem Schuldner Ruhe zu gönnen. Als einziger Grund für die gesetzliche Regelung (in § 697) könnte angeführt werden, daß im Falle des § 697 der Beklagte nicht in der Lage ist, die Fortsetzung des Prozesses zu betreiben. Dies ist unbillig und unpraktisch, entfällt aber, wenn nach meinen Vorschlägen der Beklagte stets das Recht hat, die Fortsetzung des Prozesses zu betreiben. Der § 697 ist also zu streichen.

Die §§ 699 bis 701 des Gesetzes fallen nach den bisherigen Ausführungen fort. Der § 702 kann beibehalten werden. Dagegen erscheint mir der § 703 als sehr bedenklich. Hält man daran fest, daß im Mahnverfahren die Rechtshängigkeit gerade so wie durch Klage entsteht, und beachtet man, welche große Wichtigkeit die Frage hat, ob der Widerspruch von einem legitimierten Vertreter geschehen ist, nimmt man hinzu, daß bei mündlicher Anbringung der Gesuche nicht einmal ein Protokoll nötig ist, so kann die Präsumtion der Bevollmächtigung nicht als gerechtfertigt erscheinen. Es ist deshalb die Streichung des § 703 dringend zu empfehlen.

Zu §§ 729, 738 des Gesetzes.

Das Gesetz verlangt für die Erteilung der vollstreckbaren Ausfertigung gegen den Nachfolger in die Verbindlichkeiten hier, daß die Nachfolge nach der Rechtskraft stattgefunden hat. Dagegen ist in der ganz analogen Situation des § 742 für genügend erklärt, daß sie nach Eintritt der Rechtshängigkeit stattgefunden hat. Dies ist auch richtig. Denn die Erteilung der Klausel beruht auf der Erstreckung der Rechtskraft, und für diese kommt es nach § 325 auf die Zeit der Rechtshängigkeit an.[1])

Aus diesen Gründen ist zu empfehlen, in dem § 729 zu sagen:

> Hat Jemand . . . übernommen, nachdem der Rechtsstreit wegen der Schuld des Anderen gegen diesen rechtshängig geworden ist, so finden usw.

Entsprechend ist der § 738 zu ändern.

Zu § 786 des Gesetzes.

Das praktische Bedürfnis fordert, daß dem Gläubiger, der gegen die Eheleute die Zwangsvollstreckung in das eingebrachte Gut betreibt, keine Schwierigkeiten dadurch entstehen, daß der Ehemann behauptet, der gepfändete Gegenstand gehöre nicht zum eingebrachten Gut. Die Pfändung muß zunächst zulässig sein, und es muß dem Manne überlassen werden, Widerspruch gegen die Zwangsvollstreckung zu erheben.

Alles dies wird dadurch erreicht, daß den in § 786 am Schlusse zitierten Paragraphen der § 1411 hinzugefügt wird. Damit wären die in Theorie und Praxis bestehenden Zweifel beseitigt.

Da der Ehemann wegen der das eingebrachte Gut belastenden Schulden auf Duldung der Zwangsvollstreckung verklagt werden kann

---

[1]) Hellwig, Rechtskraft 315 f., 323 f.

(§ 739), so ist gesetzlich anerkannt, daß er für diese Schulden mit dem seiner Nutznießung und Verwaltung unterliegenden eingebrachten Gute haftet. Es liegt also ein eigenartiger Fall der beschränkten Haftung vor und der vorgeschlagenen Regelung steht nichts im Wege.

Zu § 788 des Entwurfs.

Die Vorschrift ist zu billigen.

Zu §§ 794 Nr. 4, 796 des Gesetzes.

Wird mein Vorschlag, dem unwidersprochen gebliebenen Zahlungsbefehl die Wirkung einer rechtskräftigen Verurteilung beizulegen (S. 45), angenommen, so ist § 794 Nr. 4 durch die Worte zu ersetzen: „4. aus rechtskräftig gewordenen Zahlungsbefehlen".

In § 796 ist der erste Absatz zu streichen. Im zweiten Absatz sind an Stelle der Worte: „nach Zustellung des Vollstreckungsbefehls" die Worte: „nach Zustellung des Zahlungsbefehls" zu setzen. Die Vorschrift entspricht dann im Grundgedanken dem § 767 II. Sie ist angemessen, weil sie dem Schuldner den Widerspruch ermöglicht, wenn er nach der Zustellung den Gläubiger befriedigt und im Vertrauen darauf, daß die Sache erledigt sei, keinen Widerspruch erhoben hat.

Im dritten Absatz des § 796 ist der Vollstreckungsbefehl durch den Zahlungsbefehl zu ersetzen. An Stelle des zweiten Satzes empfehle ich zu setzen:

> **Gehört der Anspruch vor die Landgerichte, so findet der § 697 (s. o. S. 48) entsprechende Anwendung.**

Die Gründe ergeben sich aus den Erörterungen S. 48, 49.

Zu §§ 798, 866 des Entwurfs.

Die Vorschriften sind zu billigen.

Zu § 888a des Entwurfs.

Die großen Bedenken gegen die vom Entwurf vorgeschlagene Neuerung sind zu § 510b (S. 40) dargelegt.

V.

Gerichtskostengesetz.

Zu GKG. § 30.

In Abs. 1 wäre zu den zitierten §§ 505, 506 der § 141 Abs. 2 meines Vorschlags (S. 19) hinzuzufügen und der Abs. 2 zu streichen, wenn das Mahnverfahren in der oben S. 45 empfohlenen Weise umgestaltet wird.

Zu GKG. § 37.

An Stelle von Abs. 1 Nr. 2 ist zu setzen: ein Zehnteil der Gebühr des § 18 für die Zurückweisung eines verspäteten Widerspruchs (§ 694 S. 45 meines Vorschlags).

In Abs. 3 ist an Stelle des § 698 der vorgeschlagene § 698 (S. 49) zu setzen.

Zu GKG. § 48.

Die bisher in § 48 enthaltene Vorschrift hat die in sie gesetzten Erwartungen in keiner Weise erfüllt. Die Schuld daran tragen zu einem Teil auch die Gerichte, die fatalistisch sich die Zügel immer mehr haben entgleiten lassen und den § 48 ebensowenig anwendeten, wie andre Vorschriften, von denen man erwartet hatte, daß sie den Mißbrauch der den Parteien gewährten Freiheit verhüten würden.[1])

Der neue § 48 beruht auf dem gewiß richtigen Gedanken, daß die übermäßige Vermehrung der Arbeit der Gerichte eine Erhöhung der Gerichtsgebühren rechtfertige. Diese Erhöhung soll automatisch eintreten. Eine Prüfung, ob ein Verschulden der Parteien oder ihrer Vertreter vorliege, soll ausgeschlossen sein. Damit wird allerdings vermieden werden, daß durch die Prüfung der Verschuldenfrage das Verhältnis zwischen dem Gericht und den Anwälten getrübt wird. Auch hat die Vorschrift nach einer anderen Seite hin einen großen Vorzug. Es ist zweifellos, daß auch die Anwälte ein sehr großes

---

[1]) Ich zähle dahin namentlich den § 97 II. Würde er energisch angewendet, so könnte es nicht eintreten, daß so vielfach in der ersten Instanz absichtlich Rechtsbehelfe zurückgehalten werden, um erst in der zweiten Instanz den eigentlichen Kampf zu führen.

Interesse daran haben, einen Prozeß in möglichst wenigen Terminen zu erledigen. Die unselige Zersplitterung der Verhandlungen stellt an den gut beschäftigten Anwalt Anforderungen, denen er beim besten Willen gar nicht genügen kann und die ihn dazu zwingen, sehr häufig von dem Anwalt des Gegners die Zustimmung zu Terminsverlegungen zu verlangen und sie deshalb auch zu gewähren. Ein Grund für die sachlich nicht gerechtfertigte Häufung der Termine ist häufig die Saumseligkeit, mit der die Parteien ihren Vertreter informieren. Wird der Entwurf Gesetz, so hat der Anwalt das in seinem eigenen Interesse wünschenswerte Mittel, um die Partei durch den Hinweis auf die drohende erhebliche Kostenerhöhung zu schleuniger Information zu veranlassen und dadurch selbst die Möglichkeit zur Konzentration seines Vorbringens zu erlangen.

Aus allen diesen Gründen muß aber dringend davor gewarnt werden, den Vorschlägen stattzugeben, die von Hachenburg auf dem Mannheimer Anwaltstag gemacht wurden. Hachenburg fordert, daß ein Termin nicht mitgezählt werde, wenn beide Teile eine Woche vorher dem Gericht mitgeteilt haben, daß nicht verhandelt werde. Sodann soll es freistehen, zu zeigen, daß eine Nachlässigkeit, ein Verschulden nicht vorliege. Würde auch nur einer dieser Vorschläge angenommen, so würde der neue § 48 geradeso wirkungslos bleiben, wie der alte § 48. Und wenn nun gar noch bei vermehrter Terminszahl (über 3 bzw. 6 Termine) auch eine Erhöhung der Anwaltsgebühren eintreten würde, so wäre auf Verzettelung des Prozesses geradezu eine Prämie gesetzt. Die Vorschrift kann nur dann eine Wirkung haben, wenn der Anwalt sowohl gegenüber der eigenen Partei als auch gegenüber dem Gegner in der Lage ist, auf die unabänderlich eintretende gesetzliche Folge hinzuweisen.

Nach einer Richtung hin bedarf der § 48 allerdings einer Milderung. Diese besteht darin, daß es auch im kollegialgerichtlichen Prozesse möglich sein muß, Anträge auf Herbeischaffung der Beweismittel vor der Verhandlung (also schriftlich) zu stellen und dadurch die Vermehrung der Termine zu verhüten, die nach dem geltenden Rechte deshalb notwendig wird, weil die Herbeischaffung der Beweismittel nur auf Grund mündlicher Anträge geschehen kann (s. o. S. 33). — Auch der zu § 285 (S. 24) gemachte Vorschlag ist geeignet, die Härten des § 48 erheblich zu vermindern.

Die in den §§ 79, 80—80 b vorgeschlagenen Änderungen bestehen vorzugsweise in der Einführung von Pauschalsätzen für Auslagen. Ein glücklicher Gedanke, weil durch seine Verwirklichung für geringe Streitwerte eine erhebliche Verminderung der Kosten und allgemein eine Erleichterung der geschäftlichen Behandlung erreicht wird.

VI.

Gebührenordnung für Rechtsanwälte.

Soll die Rechtsanwaltschaft der hohen Aufgabe, die ihr bei der Rechtspflege zugewiesen ist, gerecht werden, so muß dem tüchtigen Rechtsanwalt ein genügendes Einkommen gesichert sein. Ebenso sicher erscheint es mir, daß die Gebührensätze, die im Jahre 1878 als angemessen betrachtet wurden, den heutigen Preisverhältnissen ebensowenig entsprechen und ebensosehr einer Erhöhung bedürfen, wie der amtsgerichtliche Streitwert. Eine solche darf die niedersten Streitwerte (bis zu der Höhe, bei der die Berufung unzulässig ist), nicht ergreifen.

Eine sehr große und bei den jetzigen Gebührenverhältnissen nicht zu rechtfertigende Belastung der Anwälte sind die Armensachen, zumal der Anwalt nicht nur seine Dienste zunächst (und meistens dauernd) unentgeltlich zu leisten hat, sondern sogar die baren Auslagen bestreiten muß. Hier muß eine Änderung eintreten. Dem Anwalt muß ein subsidiärer Anspruch auf Zahlung seiner Gebühren und Auslagen verliehen werden. Es scheint mir sicher, daß nicht der Staat, sondern derjenige Verband regreßpflichtig sein muß, der überhaupt die Armenlast zu tragen hat.

Wird das Mahnverfahren gemäß den von mir gemachten Vorschlägen umgestaltet, so bedarf der § 38 einer Änderung. Entsprechend den Ausführungen über die theoretische und praktische Bedeutung des Gesuchs um den Zahlungsbefehl (S. 46) ist dem Rechtsanwalt mindestens die halbe Gebühr für dieses Gesuch zuzubilligen. Meines Erachtens wäre es sogar wünschenswert, die ganze Gebühr zu gewähren, wenn der Streitwert die Summe übersteigt, bis zu der die Berufung ausgeschlossen wird. Die Gedankenarbeit, die der Anwalt zu leisten hat, ist gerade so groß, als wenn er die „Klage“ erhebt, ebenso auch seine Verantwortlichkeit. Wird die Sache streitig, so tritt zu der Prozeßgebühr die Verhandlungsgebühr nach den gewöhnlichen Grundsätzen hinzu. Das wäre eine einfache und gerechte Regelung dieser wichtigen Frage.

VII.

Übergangs- und Schlußbestimmungen.

In Art. V ist noch der § 141 CPO. aufzuführen. Vgl. Bemerkung Seite 19.

Wird das Mahnverfahren entsprechend den von mir gemachten Vorschlägen geändert, so ist zu bestimmen, daß es nach den bisherigen Vorschriften zu beenden ist, wenn zur Zeit des Inkrafttretens dieses Gesetzes der Zahlungsbefehl erlassen war.

Werden Form und Frist der Berufung geändert, so ist dies in Art. X zu berücksichtigen.

Der Artikel VIII scheint mir den Landesjustizverwaltungen nicht diejenige Freiheit zu geben, deren sie im Interesse der Rechtspflege bedarf, um die Gerichte so zu besetzen, wie es durch die veränderte Zuständigkeit erforderlich ist. Die Verwaltungen müssen die Möglichkeit haben, Versetzungen von den Kollegialgerichten an die Amtsgerichte und die umgekehrte Veränderung und den Wechsel von einem Gericht an das andere vorzunehmen. Auch ist es zu spät, wenn die Möglichkeit der Versetzung oder Entfernung erst nach dem Inkrafttreten der Novelle gestattet wird. Beim Inkrafttreten müssen die Gerichte bereits so besetzt sein, wie es die neuen Verhältnisse erfordern.

Andererseits erscheint ein Zeitraum von drei Jahren für diese außerordentlichen Vollmachten zu lang.

Aus diesen Gründen ist — unter Vermeidung der Verweisung — zu bestimmen:

Art. VIII. Innerhalb eines Jahres nach der Verkündigung dieses Gesetzes können unfreiwillige Versetzungen an ein anderes Gericht unter Belassung des vollen Gehalts durch die Landesjustizverwaltung verfügt werden.

In gleicher Weise ist innerhalb zwei Jahren bei notwendiger Einziehung von Richterstellen die Entfernung vom Amt statthaft.

Herrosé & Ziemsen, G. m. b. H., Wittenberg.

FSC
www.fsc.org
MIX
Papier | Fördert
gute Waldnutzung
FSC® C083411

Kolibri 360 GmbH
Ferdinand-Jühlke-Straße 7
99095 Erfurt, Deutschland
produktsicherheit@kolibri360.de